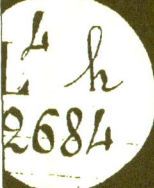

LES HORREURS

DE

L'INVASION

1870-1871

*Tous droits de reproduction, de traduction et d'adaptation
réservés pour tous pays.*

Les Horreurs de l'Invasion

1870-1871

> « *Les souvenirs du passé sont pour l'avenir des leçons et des espérances !...* »

BERGER-LEVRAULT, ÉDITEURS

PARIS	NANCY
Rue des Beaux-Arts, 5-7	Rue des Glacis, 18

1913

AVANT-PROPOS

L'énergie et même la rigueur doivent être de règle, à la guerre, vis-à-vis de populations ennemies, animées d'intentions hostiles. Un chef a le strict devoir de sauvegarder l'existence et la sécurité de ses troupes et d'assurer leur bien-être. Mais n'est-ce point se mettre hors la civilisation et le droit des gens, que de tuer des adversaires incapables de nuire, et de tirer vengeance de ses propres fautes sur des habitants qui, en se défendant ou en donnant asile à des corps armés, n'ont fait qu'accomplir un devoir patriotique ? Comme on le verra au cours de cette brochure, les Allemands tuèrent des prisonniers, des blessés, brûlèrent impitoyablement tout village et fusillèrent souvent les habitants des localités où ils s'étaient laissé surprendre par des gardes nationaux ou des francs-tireurs. Au surplus, ils refusaient à ceux-ci la qualité de belligérants, alors qu'eux-mêmes avaient levé en 1813 de nombreux corps de partisans qui jouèrent un rôle important au cours des hostilités. Dès le début de la guerre de 1870, à l'annonce qu'une escadre française croisait au nord de la pointe du Jutland, le général Vogel de Falkenstein, commandant l'armée d'observation du Hanovre, lançait une proclamation où il appelait toute la population aux armes et qui se terminait ainsi : « Que chaque Français qui mettra le pied sur vos côtes devienne votre proie. » Ainsi donc, les Allemands trouvaient licite chez eux ce que chez nous ils considéraient comme contraire au droit des gens.

Les souvenirs de la guerre de 1870-1871 hantèrent longtemps comme un horrible cauchemar l'esprit de ceux qui y furent acteurs ou témoins oculaires. « Après la libération du territoire, écrivait l'un d'eux, nous ne pouvions faire un pas dans les rues de nos villages, sans que, malgré nous, l'ombre d'un casque à pointe se dessinât sur quelque muraille. En entendant défiler nos musiques, alertes et joyeuses, instinctivement nous pensions encore aux sons aigus du fifre. Dès que nous apercevions nos soldats pleins d'entrain, nous nous rappelions que d'autres avaient martelé nos pavés du bout de leurs interminables sabres ou fait résonner notre sol de leurs lourdes bottes. Puis réapparaissaient à nos yeux les tableaux des exactions, des rapines, des vols, des cruautés commises de sang-froid en France par les armées allemandes, tant à l'égard des combattants que de la population non combattante. Nous nous remémorions les assassinats de nombreux civils, les humiliations sans nombre que les troupes allemandes victorieuses infligèrent aux vaincus, les traitements inhumains que subirent les malheureux prisonniers de guerre. En tout temps, en tout lieu, la perpétuelle vision de l'envahisseur nous obsédait. L'image de la terreur allemande nous poursuivait. »

Ceux qui vécurent les affres de l'Année Terrible, comme l'auteur des lignes qui précèdent, se comptent tous les jours moins nombreux. La mort a déjà fauché une ample moisson parmi nos parents, nos aînés, qui, à la veillée des soirs d'hiver, nous contaient jadis les horreurs de l'invasion, mais l'histoire vengeresse a recueilli et enregistré les méfaits d'un vainqueur sans générosité.

Le récit des exactions commises par les Allemands pourrait fournir la matière de plusieurs volumes, tant celles-ci sont nombreuses. Notre modeste brochure, bien incomplète, n'a retenu que quelques exemples de cruauté ou de rapine, qui devront être commentés à la caserne.

Les Horreurs de l'Invasion

(1870-1871)

CHAPITRE I

LA GUERRE DANS L'EST

(Alsace — Lorraine — Vosges — Jura — Champagne)

Wissembourg (4 août 1870)

Les habitants de Wissembourg, comme beaucoup de bons Français, ne s'étaient pas laissé intimider par les sommations de l'ennemi et avaient accueilli à coups de fusil les Bavarois qui attaquaient leur ville. Ils mettaient en application ces préceptes de Paul-Louis Courier : « Quand il s'agit de défendre le territoire, la France doit être un camp, chaque maison une guérite, chaque village un blockhaus, chaque ville une citadelle. Les chemins, les fermes, les haies, les fossés, les bois, doivent cacher de dix en dix pas un combattant dont le fusil blesse ou tue. Voilà la vraie règle de la guerre. Voilà comment une nation ne subit jamais l'insulte de l'étranger (1). »

Vaincus par le nombre, les défenseurs de Wissembourg, troupes et habitants armés, avaient été contraints

---

(1) GALIEN, *loc. cit.*, *Éphémérides alsaciennes*, p. 26.

d'abandonner la ville. Les Bavarois, y pénétrant alors, massacrent des passants inoffensifs. Le chef de gare réfugié dans sa cave y est assassiné ; une jeune fille qui court dans la rue, prise pour cible, tombe fusillée. La crainte de représailles seule empêche les Allemands d'incendier la ville de Wissembourg.

Ils se vengent sur les tirailleurs algériens blessés de la peur que ces valeureux soldats leur ont inspirée, achèvent tous ceux de ces malheureux qui gisent sur le champ de bataille, pénètrent dans les maisons et lardent de coups de baïonnette ceux qui y ont été transportés. Le lieutenant Vuillemin, atteint d'une balle au genou, est jeté à bas de son lit et traîné par sa jambe cassée. Le capitaine Tourangin, qui agonisait dans une autre maison, est achevé par ces brutes qui lui arrachent son portefeuille. Le lieutenant Grandmont, atteint de cinq blessures et qui remuait encore dans un champ de pommes de terre, est pris pour une cible par ces sauvages. Dans les maisons, les turcos blessés sont précipités par les fenêtres (1).

Frœschwiller (6 août 1870)

Le 6 août, à la bataille de Frœschwiller, les mêmes scènes de sauvagerie se renouvellent. Des voitures d'ambulance chargées de blessés sont culbutées dans les fossés. Une ambulance, installée près du village de Reichshoffen, est sabrée par les hussards ennemis, et tous les blessés sont impitoyablement massacrés sur leurs brancards. Les habitations qui ont été épargnées pendant le combat sont mises à sac et incendiées par les Prussiens, des vieillards sans défense sont tués sur leur grabat. Enfin les curés de Wœrth et de Gunstett dont le seul crime est d'avoir été porter les secours de la religion aux blessés français, sont fusillés sous prétexte d'espionnage.

Au cours du combat, les Prussiens n'avaient pas négligé d'employer des procédés absolument condamnés par les lois de la guerre. C'est ainsi qu'un de leurs bataillons, pressé de près par les Français, avait mis la

---

(1) Dick de Lonlay, p. 29, 49.

crosse en l'air pour indiquer qu'il se rendait, puis avait foudroyé ensuite, d'une salve meurtrière, nos soldats sans défiance.

C'est de la même manière que fut assassiné, le 14 août, à Borny, le commandant de Labarrière qui commandait le 20ᵉ bataillon de chasseurs, et qui, ayant fait cesser le feu, s'avançait sans défiance, au-devant des Prussiens agitant des mouchoirs blancs et portant la crosse en l'air (1).

Lunéville (14 août 1870)

Le dimanche 14 août, deux propriétaires, les sieurs B. et M., se rendaient dans leurs jardins situés au faubourg d'Alsace, pour constater les dégâts faits par les Prussiens et réparer les palissades endommagées. Ils trouvèrent dans l'un de ces jardins, deux soldats sans armes mangeant des raisins. Saisis de colère, ...ils les poursuivirent l'un avec une hachette, l'autre avec des pierres. L'un des soldats fut légèrement atteint à la jambe par un coup de hachette, tandis qu'ils franchissaient la clôture, l'autre reçut des pierres. De nombreux Prussiens, bientôt accourus aux cris de leurs compagnons, saccagèrent les jardins, brûlèrent les maisonnettes et, ne pouvant trouver les agresseurs, avisèrent deux hommes inoffensifs qui se trouvaient par hasard dans le voisinage : Jocquel, jardinier, et Gigant, marchand ambulant ; on les conduisit tous deux à la prison après les avoir roués de coups et assommés à moitié. Jocquel fut remis en liberté au bout de deux jours, mais il avait le crâne fracturé en deux endroits, plusieurs côtes brisées, les chairs meurtries de coups de sabre et de crosse de fusil. Quant à Gigant, les Allemands ne voulurent le lâcher à aucun prix, ils estimaient nécessaire de réprimer énergiquement l'agression commise par un habitant du pays contre un des leurs : à défaut de coupable, un innocent devait périr. Malgré d'instantes et multiples démarches, Gigant fut traduit devant un conseil de guerre et condamné à être fusillé. Le 21 août, à 5 heures du soir, on l'exécute au Champ de Mars, derrière la haie de la blanchisserie Mérel. En 1874, des

---

(1) Dick de Lonlay, p. 213, 217, 219.

patriotes eurent la pieuse pensée d'élever un monument à ce martyr de l'invasion. Ils dressèrent à la place même où il tomba, à quelques centaines de pas de l'endroit où devait atterrir le *Zeppelin!!* un monolithe en granit des Vosges... qui porte cette inscription si éloquente dans sa simplicité :

>Ici
>Le 21 août 1870
>Les Prussiens
>Ont fusillé
>J.-J. Gigant.
>Ils le savaient
>Innocent (1).

Val de Villé (17 août 1870).

Deux escadrons de dragons badois qui ne se gardent pas sont surpris dans le Val de Villé par quelques mobiles de Schlestadt. Quand éclate la fusillade, ils sautent en selle et fuient de tous côtés, en sabrant et fusillant à tort et à travers les habitants des villages qu'ils traversent dans leur fuite. Ils font halte à Trimbach, arrêtent le maire âgé de soixante-quatre ans, l'attachent à un cheval et l'emmènent prisonnier. Une femme, qui revient de laver son linge, reçoit un coup de sabre sur la tête. Un paysan, rentrant des champs, la houe sur l'épaule, père de six enfants, est haché à coups de sabre. Un idiot, coiffé d'un képi français, poursuivi par les Badois, entre dans une maison, d'où il saute par la fenêtre. Aussitôt, les dragons se saisissent du propriétaire de la maison et le fusillent en présence de sa femme. Le presbytère est pillé ; la sœur du curé a le pouce enlevé d'un coup de sabre. Un peu plus loin, les Badois maltraitent plusieurs voituriers qui cheminent tranquillement sur la route, et pillent leur chargement. A Villé, les habitants se barricadent dans les maisons à l'arrivée des dragons. Ceux-ci brisent les volets à coups de pistolet. Un habitant est jeté dans la rivière, les

---

(1) D'après l'*Histoire de Lunéville*, par H. Baumont, docteur ès lettres, p. 632.

mains attachées derrière le dos; pendant qu'il se débat, les cavaliers s'amusent à tirer sur lui.

Le lendemain, le général de Werder envoie dans le Val de Villé un bataillon d'infanterie, pour châtier les habitants, soupçonnés d'avoir tiré sur les dragons badois. Au lieu de faire lui-même la reconnaissance de la région, le chef de bataillon se fait précéder de deux médecins, munis des brassards de la Croix de Genève, qui, sous couleur de rechercher les dragons badois blessés, font une reconnaissance complète des localités et en rendent compte à leur chef. Quand il est sûr que les habitants sont désarmés et inoffensifs, celui-ci arrive avec son détachement. Dans chaque village, il fait prendre des otages responsables de tout coup de fusil qui serait envoyé sur la colonne. En maints endroits, des maisons sont saccagées et les habitants fusillés ou assommés. Un journalier, blessé d'un coup de fusil, meurt au bout de quelques jours, parce que les Badois empêchent ses parents d'aller chercher un médecin (1).

Thanvillé (19 août 1870)

C'était près de Thanvillé, devant le château du vicomte de Castex, que les Badois avaient été surpris par quelques gardes mobiles de Schlestadt. Le 19 août, un détachement occupe le village, saisit quatre habitants au hasard, et les fusille froidement. Trois de ces malheureux étaient pères de famille.

Le château du vicomte de Castex est saccagé : mobilier, linge, vêtements, tout est mis en pièces; des vases de Sèvres d'une valeur de 30.000 francs sont brisés; l'uniforme du grand-père du châtelain, général du premier Empire, est lacéré. Les voitures de luxe sont enlevées; dans l'une se prélasse une Badoise ivre, affublée de la plus belle toilette de la châtelaine.

A Erlenbach, une autre bande de soudards prend comme otages le curé et l'adjoint. Poursuivant son chemin jusqu'à Villé, elle rançonne la localité. La mu-

---

(1) GALIEN, *loc. cit.*, p. 60 et suiv. Enquête de la *Revue alsacienne* de novembre 1883.

nicipalité est sommée de fournir 30 bœufs, 30 sacs de farine, du tabac, du café, du sucre et, en outre, un repas pour 150 hommes. On saisit des otages et ceux-ci sont hissés sur des chevaux et emmenés au grand trot.

Siège de Strasbourg (août à septembre 1870)

Le bombardement méthodique de la ville commença dans la nuit du 23 août, il ne devait plus cesser jusqu'au 27 septembre. Pendant trente-quatre jours consécutifs, les projectiles ennemis incendièrent les maisons et les monuments. Il y eut des pertes irréparables, et la bibliothèque mérite les regrets du monde littéraire. 85.000 volumes ont été brûlés au séminaire protestant. Les projectiles ennemis incendièrent les musées de peinture et de sculpture.

La bibliothèque de Strasbourg, fondée en 1765, renfermait 200.000 volumes, 7.000 manuscrits, un musée d'antiquités gallo-romaines, un riche médaillier, enfin des vitraux les plus beaux du monde ; rien ne put être sauvé.

Le musée de peinture et de sculpture renfermait de belles toiles du Corrège, du Tintoret, du Guide, de Véronèse, de Jordaens, de Philippe de Champaigne. Il y avait dans le musée un chef-d'œuvre de Van Ostade ; « la Dispute dans un cabaret ». Les visiteurs admiraient du Claude Lorrain, du Lebrun, du Oudry ; les peintres strasbourgeois, tels que Guérin, Haffner, Brion, Jundt, Schuler, avaient enrichi le musée de leurs principales œuvres. Deux belles statues d'Olmacht et deux de Gros furent détruites par le feu.

« Le 25 août, au milieu de ces ruines fumantes,
« l'évêque sortit pour renouveler une demande du géné-
« ral Uhrich de laisser sortir les femmes et les enfants.
« Le général de Werder refusa. »

Cette supplique attira sans doute sur lui l'attention du général de Werder, car, dans la soirée du même jour, des projectiles incendiaires furent dirigés sur la cathédrale. Le feu ne tarda pas à se déclarer. Un témoin oculaire s'exprime ainsi : « Aucune parole ne peut
« peindre le spectacle de l'embrasement de la cathé-
« drale. Sur toute la longueur de cet immense vaisseau

« la toiture était en feu. Les tours et la grande flèche,
« éclairées ou voilées par des nuages de fumée, pre-
« naient des proportions et des formes fantastiques.
« Un moment, le brasier s'éleva jusqu'au faîte de la
« flèche. Les flammes gagnèrent les cuivres de la toi-
« ture et prirent des teintes bleues et vertes qui éclai-
« raient la ville des lueurs d'un immense feu de Ben-
« gale. Aucun secours n'était possible, les pompes n'at-
« teignaient pas à cette hauteur et des torrents de plomb
« fondu découlaient dans les gargouilles. »

Le 5 septembre, deux élèves de l'École de santé militaire, dont l'un était le fils du chef d'escadron d'artillerie Combier, pansaient un blessé dans l'intérieur même de l'ambulance et les éclats tuèrent les deux chirurgiens sans atteindre le blessé.

La barbarie de l'Allemagne envers les Strasbourgeois commençait à émouvoir l'opinion publique en Europe. Le président de la Confédération helvétique entama des pourparlers avec le général de Werder, au sujet de la sortie des femmes et des enfants, auxquels les Suisses offraient un asile sur leur territoire. Le général de Werder répondit par cette argumentation d'esprit bien tudesque, le 21 août :

« Les fortifications des grandes villes ont un côté fai-
« ble. Ce sont les souffrances de la population, qui est
« exposée sans défense aux projectiles de l'ennemi,
« surtout quand, comme à Strasbourg, la place manque
« d'abris casematés. En me rendant aux désirs de Votre
« Excellence et en autorisant le départ d'une partie de
« la population, j'augmenterais par conséquent la force
« de la place. J'éprouve donc le grand regret de ne
« pouvoir donner suite à la demande de Votre Excel-
« lence. »

Et il fit redoubler le feu de ses pièces. Néanmoins, il permit ensuite à quelques centaines d'habitants — sur 85.000 — de quitter cet enfer.

Cette déclaration du général de Werder contient toute la jurisprudence allemande sur la matière. Les fleurs de civilisation qui poussent naturellement sur les bords de la Sprée, complètent d'ailleurs la doctrine du bombardement de Strasbourg par ces propos tenus le 8 septembre à la table du prince de Bismarck et que son historien Maurice Busch a recueillis pour la postérité :

« La véritable stratégie consiste à frapper vigoureu-
« sement l'ennemi, mais surtout à faire aux habitants
« civils le plus de mal possible, pour les engager à se
« dégoûter de la lutte et à exercer une pression sur le

« Gouvernement. Il ne faut laisser aux gens que les yeux
« pour pleurer la guerre et regretter la résistance. »

On n'est pas plus sauvage, et il faut savoir gré à deux écrivains d'Alsace, Jeanne et Frédéric Regamey, d'avoir si opportunément exhumé ces documents de philanthropie prussienne.

Le 10 septembre, le maire de Strasbourg reçut une lettre du président de la Confédération helvétique lui annonçant l'arrivée de trois délégués des cantons, et, le 11 septembre, le maire, à la tête de la commission municipale, se porta au-devant des Suisses jusqu'à la porte de la ville. Le général de Werder avait tout de même autorisé l'entrevue, mais sans faire cesser le feu.

Depuis le 8 août jusqu'au 29 septembre, Strasbourg avait résisté cinquante jours. Le bombardement détruisait les édifices publics : la préfecture, le théâtre, le palais de justice, la bibliothèque, le musée de peinture, le Temple-Neuf, le gymnase protestant, trois églises, la gare du chemin de fer, l'arsenal, les casernes, la citadelle et deux écoles ; la cathédrale, l'hôtel de ville, l'hôtel de la division militaire, l'évêché, le lycée, le grand et le petit séminaire, plusieurs églises ne présentaient que des ruines ; 420 maisons particulières étaient totalement renversées, un nombre plus considérable menaçait de s'écrouler.

Les pertes des habitants se montaient à 40 millions d'après l'estimation d'une commission spéciale ; la population avait perdu 1.500 individus dont moitié de femmes et d'enfants. Un obus tombé sur une école de petites filles en tua deux sur le coup et en blessa six qui moururent les jours suivants (1).

Le 20 août, à quatre heures de l'après-midi, le capitaine adjudant de place Rœderer, accompagné du trompette Hœltzel, sortait de Strasbourg par la porte de Pierre, se rendant au quartier général badois établi près de Schiltigheim, pour un échange de correspondance. Le capitaine Rœderer et le trompette, qui avaient déjà plusieurs fois fait le trajet, étaient à cheval et portaient le drapeau blanc du parlementaire.

Après avoir rempli leur mission, ils revenaient par la route de Schiltigheim, lorsque, à 300 mètres environ de la place, le capitaine mit son cheval à une allure vive. Au même instant des coups de feu partirent d'une houblonnière voisine : deux balles vinrent frapper le capi-

---

(1) D'après les *Récits militaires* du général AMBERT, p. 479 et suiv.

taine Rœderer... le trompette Hœltzel reçut également deux projectiles (1). Ainsi les Allemands tirèrent sur des parlementaires au mépris des lois de la guerre.

Nancy (19 août 1870)

Un chef allemand dont on ignore le nom, logé dans le Palais ducal qui a servi de résidence à bon nombre de maréchaux français (Canrobert, Pélissier, Mac-Mahon, etc.), tenté par la beauté du lustre qui en décore le grand salon, fit venir par réquisition une grande caisse ferrée et manda, également par réquisition, un emballeur, qui démonta le lustre et le plaça dans la caisse.

Le maire de Nancy, M. Welche, averti, courut chez le général Blumenthal qui, il faut le dire, s'empressa de faire remettre en place l'objet convoité (2).

Nancy et environs (20 au 22 août 1870)

Le 20 août, il y eut une échauffourée sur la place Stanislas. Des officiers allemands attablés au café Baudot ayant entonné des chants nationaux malsonnants pour les habitants, ceux-ci répondirent par la *Marseillaise*. Les Allemands sommèrent la foule de se taire. Il y eut un moment de silence bientôt suivi du chant des Girondins. Nouvelle sommation des Prussiens accompagnée de menaces. Réponse des Nancéiens qu'ils sont en France et qu'ils ont le droit de chanter des airs patriotiques..... Les Prussiens font établir autour du café un cordon de sentinelles pour tenir la foule à dis-

---

(1) FISCHBACH, *Le Siège de Strasbourg* (Le trompette du 2ᵉ lanciers Hœltzel vit encore, il est aubergiste à Schiltigheim, à l'endroit même où il faillit être tué par les Allemands).

(2) Louis LACROIX, *Journal d'un habitant de Nancy pendant l'invasion de 1870-1871*, p. 87.

tance, et, le 21 août, on annonce au son du tambour que les rassemblements au-dessus de trois personnes sont interdits sous peine d'être fusillés.....

Dans les villages, les hameaux, les fermes autour de Nancy, chevaux, bétail, vivres, fourrages, tout avait été pris. La vallée de la Seille était dévastée. Laneuvelotte, Champenoux avaient beaucoup souffert. Les Allemands qui étaient venus par Lunéville avaient razzié littéralement Blainville, Bayon, Haroué, Vézelise, Colombey... Quant aux châteaux et maisons de plaisance, malheur à ceux qui avaient reçu la visite d'officiers butors ou malappris. C'est ce qui est arrivé à Pont-Saint-Vincent, dans le château de M. de Bonfils, qui a eu à subir lui et sa femme les plus indignes avanies (1).

Ligny-en-Barrois (1er et 2 septembre 1870)

Le 1er septembre, vers 10 heures du soir, rue de l'Industrie à Ligny, un coup de pistolet est tiré sur un soldat bavarois et le blesse à la cuisse. Aussitôt les Allemands battent la générale, cernent la rue et arrêtent une vingtaine de personnes qui sont conduites au corps de garde. Là on les force à s'agenouiller la face tournée du côté de la muraille, et celles qui par malheur tournent la tête, reçoivent immédiatement de vigoureux soufflets. Elles restèrent plus de deux heures dans cette position.

Le lendemain, deux jeunes gens, soupçonnés d'avoir blessé le Bavarois, sont arrêtés et les habitants qu'on avait incarcérés sont remis en liberté.

L'enquête n'ayant pas établi de charges suffisantes contre les deux accusés, ceux-ci furent élargis, après huit jours de détention; mais la ville fut déclarée responsable et condamnée à une amende de 10.000 francs (2).

---

(1) Louis LACROIX, *Journal d'un habitant de Nancy*, p. 90-91.
(2) LAGUERRE, *Les Allemands à Bar-le-Duc et dans la Meuse*, p. 87-88.

Void (4 septembre 1870)

Le 4 septembre, Ambroise Pierre-Eugène, habitant de Void, tire sur une sentinelle de faction place Hua. La garnison prend les armes, pénètre dans toutes les maisons pour y rechercher les fusils et pistolets cachés et se livre à des excès incroyables. La population, affolée, passe la nuit dans la crainte des mesures de rigueur qui la menacent. Un général qui tient garnison à Void fait arrêter M. Grandjean, maire. Plusieurs maisons sont pillées. Le 6, Ambroise est fusillé dans la cour de la gendarmerie (1).

Tréveray-Ligny (4, 5, 6 septembre 1870)

Le 3 septembre, des francs-tireurs de la Meuse s'emparent à Tréveray de deux Bavarois. Le lendemain, quarante soldats viennent pour les réclamer, mais ils sont attaqués par un détachement de mobiles embusqués dans la dernière maison. Ils ont deux hommes tués et s'enfuient. Mais, vers le soir, arrivent des renforts venant de Bar-le-Duc et de Ligny qui entrent dans Tréveray. Leur chef procède immédiatement à l'arrestation de cinquante personnes et du conseil municipal. Le curé, qui a été fait prisonnier, est invité à préparer trois de ses paroissiens à la mort. Ils doivent être fusillés le 5, à 6 heures du matin.

Cette horrible exécution n'a pas lieu heureusement; mais, pour terroriser les populations de la Meuse, une amende de 4.000 francs est imposée au village, la maison qui a servi d'embuscade est brûlée et le pillage de certaines maisons est accordé aux troupes pendant deux heures.

Le 6, trois notables de Tréveray sont emmenés pri-

---

(1) LAGUERRE, *Les Allemands à Bar-le-Duc et dans la Meuse*, p. 101.

sonniers à Bar-le-Duc et insultés d'une façon indigne par les soldats de l'escorte. De Bar ils sont dirigés sur Ligny, Void, Gondreville et Nancy, couchant sur la paille comme des malfaiteurs et mourant de faim.....

Le 4, à l'annonce des événements de Tréveray, les Allemands en garnison à Ligny s'étaient répandus dans les rues de la ville, frappant des habitants inoffensifs. Dans cette sauvage agression, un citoyen des plus paisibles a le bras percé d'un coup de baïonnette, et une vieille femme nommée Guillemin a la tête fendue par un uhlan. Quelques jours après, cette victime de la brutalité prussienne mourait des suites de la blessure qu'elle avait reçue (1).

Nancy (11 septembre 1870)

Un cavalier prussien passant le 11 septembre rue de la Hache, fut atteint par une petite pierre lancée par un gamin de la ville. Le cavalier se retourne, s'en prend à un jeune homme qui se trouvait près de lui, l'apostrophe en allemand et s'échauffant dans sa colère, tire son sabre et lui balafre la figure (2).

Vézelise-Flavigny (30 septembre 1870)

Un parti de francs-tireurs opérant dans la vallée de la Moselle, contre des détachements ennemis isolés, avait résolu de s'emparer de quelques gendarmes prussiens détachés à Flavigny et Vézelise. L'opération fut menée rondement. Le 30 septembre, dans la nuit, les partisans divisés en deux groupes arrivent à l'impro-

---

(1) LAGUERRE, *Les Allemands à Bar-le-Duc et dans la Meuse*, p. 97-98-99.
(2) Louis LACROIX, *Journal d'un habitant de Nancy*, p. 194.

viste dans les deux villages, tuent deux gendarmes qui tentent de résister et s'emparent de six autres. Les prisonniers amenés à Charmes, puis à Épinal, sont traités humainement ; l'un d'eux blessé est pansé dans une pharmacie. Néanmoins les inévitables représailles ne se font point attendre et les habitants de Vézelise et Flavigny vont expier l'exploit des francs-tireurs.

Deux compagnies de landwehr grossies de quelques hussards et gendarmes parties de Nancy, viennent dans le premier de ces villages d'abord, puis dans le second, y prennent comme otages le maire et deux conseillers municipaux qui sont conduits à Nancy, et frappent les deux communes d'une contribution de guerre de 100.000 francs. La maison de l'aubergiste qui logeait les gendarmes à Flavigny est réduite en cendres. On déclare que les otages ne seront point relâchés tant que les prisonniers prussiens ne seront pas remis en liberté et tant que l'indemnité de guerre ne sera pas versée en totalité. Un ordre conçu en termes comminatoires est adressé aux autorités militaires d'Épinal leur enjoignant de renvoyer les captifs. Le général Cambriels qui commande l'armée des Vosges y répond comme il convient. Il fait savoir « à M. le gouverneur prussien de Nancy « que les gendarmes enlevés à Flavigny ont été faits « prisonniers par un corps organisé et opérant conformément aux lois de la guerre : les francs-tireurs étant « un corps belligérant reconnu. » Il ajoute : « Si M. le « gouverneur de Nancy désire être remis en possession « des prisonniers, on peut les échanger. Quant à les « rendre sous l'influence de menaces dirigées contre des « habitants ou des fonctionnaires civils, on ne peut y « songer. L'exécution de ces menaces serait une infamie « dont M. le gouverneur de Nancy ne peut charger sa « conscience sans se mettre au ban des nations. » Le maire de Nancy s'entremet pour une transaction et finit par faire adopter l'échange par le général prussien, mais les malheureuses communes de Vézelise et Flavigny qui n'étaient pour rien dans le coup de main des francs-tireurs n'en durent pas moins payer une forte indemnité de guerre [1].

---

[1] Émile CHANTRIOT, *Est républicain* du 17 mars 1913, « Occupation allemande en Lorraine ».

Pillages en Lorraine (août-septembre 1870)

Une brigade de police accompagnait à l'armée le quartier général du roi de Prusse. Cette brigade avait à sa tête le Dr Stieber, mort depuis préfet de police à Berlin. Ce fonctionnaire a laissé des documents écrits au cours de la guerre, qui nous donnent de curieuses révélations sur les actes de banditisme de nos adversaires. On peut dire qu'ils constituent un véritable acte d'accusation contre l'Allemagne dressé par un Allemand.

Dans une lettre datée du 22 août, de Pont-à-Mousson, M. Stieber écrit : « Bien que nous nous comportions ici très décemment et que nous autres Allemands
« nous soyons assez bonasses de notre nature (*sic*), et
« que nous soyons péniblement impressionnés d'avoir
« à exercer des cruautés, nous épuisons cependant terriblement le pays, nous enlevons tous les chevaux,
« toutes les voitures, tout le bétail. Nous détruisons
« toutes les voies ferrées, nous accaparons tous les
« vivres. On absorbe des flots de vin et de bière. Nous
« abattons tous les arbres pour alimenter nos feux de
« bivouac. Toutes les boutiques sont fermées, toutes
« les affaires chôment, toutes les fabriques sont arrêtées. Ce doit être terrible pour les Français, si fiers,
« de nous voir occuper leurs plus belles chambres, de
« nous voir étendus dans leurs lits, tandis qu'ils couchent eux sur la paille... Nous éprouvons un sentiment tout particulier en fouillant à notre guise dans
« toutes les armoires des maisons que nous occupons,
« maisons qui ne nous appartiennent pas et dans lesquelles nous prenons des choses dont nous ne pouvons nous passer à la vérité. »

Le 1er septembre, une nouvelle lettre, datée de Vendresse, nous renseigne sur ce que font les Bavarois :
« Les soldats prussiens ne prennent, dit le « Dr Stieber,
« que ce dont ils ont absolument besoin pour ne pas
« périr. Mais les Bavarois et leurs cantiniers sont de
« véritables bandes de brigands qui extorquent aux
« habitants, le pistolet sur la poitrine, tout ce qui peut
« être emporté. En outre, ils détruisent ce qu'ils ne
« peuvent voler. Ils méritent bien la qualification de
« brigands qu'on leur applique. »

« Les Hessois sont de vrais bandits », écrit-il encore

dans une autre lettre, à propos d'un pillage commis à Faulquemont (1).

C'est sans doute par une ironie singulièrement macabre que le Dr Stieber nous disait dans sa lettre du 22 août que les Allemands étaient de nature bonasse et se comportaient décemment en pays conquis!

Nancy (3 octobre 1870)

Un habitant de Nancy, M. Lintingre, habitant n° 24 Grande-Rue-Ville-Vieille, logeait depuis deux jours un hussard westphalien... Le 2 octobre, cet homme, en état d'ivresse, exige pour son dîner du cervelas. On court à la charcuterie voisine, mais on n'y trouve que du saucisson, qui n'est point du goût de notre Allemand. Fureur de celui-ci qui saisit son mousqueton et tire sur Lintingre qui, heureusement, fait dévier l'arme... Le soldat tire alors son sabre, mais le propriétaire saisissant une barre de fer désarme son agresseur et parvient à l'enfermer dans la cuisine. Puis il se rend au poste pour y chercher la garde.

Pendant son absence, les voisins et les passants, attirés au bruit du coup de feu, s'étaient assemblés dans la rue. Des hussards, puis un officier surviennent, interrogent la foule. Voyant qu'il s'agissait d'un des leurs, ils envahissent la maison en brisant la porte à coups de sabre, bouleversent l'appartement et poursuivent les locataires effrayés jusque dans les greniers. Lintingre rentre sur ces entrefaites, amenant le poste avec lui. Il est assailli à coups de crosse, son chapeau est fendu d'un coup de sabre asséné par l'officier, puis il est traîné en prison avec injures et mauvais traitements... Durant la détention de son mari, Mme Lintingre sollicita une audience du gouverneur afin d'obtenir justice contre un tel abus de la force. Elle fut éconduite sans qu'on ait voulu l'entendre (2).

---

(1) D'après les *Récits militaires* du général Ambert, t. II, p. 23 et suiv.

(2) Louis LACROIX, *Journal d'un habitant de Nancy*, p. 251-252.

Void (4 octobre 1870)

Le commandant d'étapes de Void, un certain major de Pöelnitz, homme d'un caractère violent et en même temps pusillanime, vivait dans la crainte perpétuelle des francs-tireurs. « Le 4 octobre, une sentinelle ayant été légèrement blessée au doigt, le baron de Pöelnitz prétendit que la blessure avait été faite par un franc-tireur et imposa pour ce fait une amende de 10.000 francs à la commune.

A partir de ce moment... il fut expressément défendu de sortir du bourg sans laissez-passer de sa part, les portes des maisons durent être ouvertes et les corridors éclairés toutes les nuits. A partir de 8 heures du soir, les habitants devaient rester chez eux, des sentinelles étaient placées aux six principales entrées de Void et chacune d'elles était accompagnée d'un notable citoyen. Cette odieuse servitude dura jusqu'à la conclusion de la paix (1).

Siège de Metz (août à octobre 1870)

Le général prussien von Gœben, commandant le VIIIe corps d'armée, de son propre aveu ne semble pas avoir été gêné par des scrupules exagérés à l'égard des propriétés privées. « Notre table devient très confortable, écrit-il des environs de Metz ; j'ai envoyé chercher aujourd'hui au château de Frescati une partie de la verrerie et de la vaisselle qui s'y trouvent abondantes et très élégantes. A la guerre il faut s'aider comme on peut » (2). Plus loin le même commandant de corps d'armée écrit encore : « L'intendant de corps d'armée est venu m'apporter quatre bouteilles de champagne

---

(1) LAGUERRE, *Les Allemands à Bar-le-Duc et dans la Meuse*, p. 102-103.

(2) Gebhard Zernin August von Gœben in seinen Briefen. Berlin, 1883, p. 276..... Cité par Lechartier, *Les Soldats de l'Empire et de la Révolution*, p. 50.

qu'un commerçant lui a remises pour les goûter et en faire, s'il nous plaît, une commande. J'ai protesté et donné l'ordre d'écrire au grand-duc de Mecklembourg, gouverneur de la Champagne, de faire requérir provisoirement cinq cents bouteilles pour mon corps. Cela me paraît en pays ennemi bien plus pratique » (1).

La Bourgonce-Nompatelize (6 octobre 1870)

De nombreux détachements de francs-tireurs, ainsi que des mobiles, avaient été envoyés dans la région de l'Est. Les Allemands se montrèrent, à l'égard des malheureux qui tombèrent entre leurs mains, de la dernière sauvagerie. Ils refusèrent de considérer comme des soldats ces mobiles auxquels on n'avait pas eu le temps de donner des uniformes. Beaucoup furent lâchement fusillés. Enfin les populations expièrent durement, par d'injustes et sanglantes exécutions, l'aide qu'elles apportèrent à nos malheureux soldats.

Dès le 22 septembre, au combat de Pierre-Percée, près de Raon-l'Étape, le soldat Enel, blessé d'un coup de feu à la jambe et transporté dans une scierie voisine, est précipité par la fenêtre et reçoit de nouvelles blessures. Un habitant de Celles, fait prisonnier, est fusillé près de Raon. Au cours d'un combat livré près de Baccarat, les Allemands n'hésitent pas à placer devant eux, pour empêcher le feu des francs-tireurs, les otages qu'ils ont emmenés.

Avant le combat de la Bourgonce, les Badois, qui ont essuyé quelques coups de fusil dans les bois de la Chipotte, fusillent par représailles un vieillard de quatre-vingts ans et son fils, et livrent aux flammes leur maison avoisinant le bois.

A Nompatelize, les Badois usent plusieurs fois du procédé déloyal qui leur a déjà réussi. Ils mettent la crosse en l'air pour indiquer qu'ils se rendent, puis fusillent à bout portant nos soldats trop confiants. Des mobiles des Vosges faits prisonniers sont pris, à cause de leur uniforme gris, pour des francs-tireurs et éventrés sur place. Dans le village de Nompatelize, un cultiva-

---

(1) Gebhard Zernin, p. 290.

teur, Nicolas Idoux, père de six enfants, est brûlé vif dans sa maison incendiée. Trois fois il cherche à sortir du brasier, trois fois il y est rejeté par les Allemands. Le fils Idoux, coupable de s'être joint aux soldats, est fusillé.

A la Bourgonce, sous prétexte que les francs-tireurs ont emmené un prisonnier prussien, des maisons sont livrées aux flammes après le combat.

Enfin les malheureux mobiles faits prisonniers au cours de ces journées furent traités par le vainqueur avec la dernière brutalité. En particulier, lors de leur arrivée à Lunéville, ils durent passer entre une double haie de soldats de la landwehr prussienne qui les frappèrent lâchement à coups de poing, de pied et de plat de sabre et s'amusèrent même à les piquer avec leurs baïonnettes (1).

Rambervillers (9 octobre 1870)

Le 9 octobre 1870, une troupe prussienne, composée de deux bataillons d'infanterie (2.100 hommes) et un escadron de hussards (163 cavaliers), marchait sur Rambervillers.

Au signal du tocsin annonçant son arrivée, les gardes nationaux, au nombre d'environ 200, se portent aux issues dans la direction de l'ennemi et préparent la défense en crénelant les murs du cimetière et en construisant des barricades (2).

Arrivés à 3 heures du soir à 400 mètres des premières maisons, ce n'est qu'à 5 heures que les Prussiens parviennent à s'en emparer, et à $6^h 30$ ils atteignent la place de l'Hôtel-de-Ville.

La nuit met fin au combat.

Pendant la nuit, on entendit encore quelques coups de feu ; c'était l'exécution de blessés et de prisonniers pris les armes en main, et d'autres qui furent « victimes d'une erreur ».

---

(1) Grenest, *L'Armée de l'Est*. Relation anecdotique de la campagne de 1870-1871, p. 17 et suiv.

(2) Il n'existait plus aucune troupe régulière ni à Rambervillers ni dans les environs depuis plusieurs jours. Les gardes nationaux, qui n'étaient donc pas tenus de prendre les armes, s'empressèrent de courir à la défense de leur ville.

Noirclair, blessé mortellement, avait été transporté dans une maison ; les Prussiens l'arrachent de son lit, le traînent dans la rue et l'achèvent à coups de baïonnette ; son cadavre portait plus de 5o plaies.

Delatte, Thirion, Renard, pris les armes à la main, sont conduits à la barricade, fusillés et achevés à coups de baïonnette. Renard est percé d'un tel nombre de coups que ses entrailles sortent à travers sa chemise déchirée.

Belin, Chanal, Martin, Christophe, pris sans armes et n'ayant pas combattu, sont fusillés.

Jacquot, un pauvre idiot, sans armes et ayant les mains dans ses poches, est fusillé.

Les Prussiens avaient emprisonné tous les hommes saisis dans le quartier où l'on avait combattu ; on leur avait si cruellement lié les pieds et les mains, que les cordes entraient dans les chairs et que les membres enflaient. Un grand nombre d'entre eux furent envoyés en captivité à Mayence et rapatriés au mois de janvier 1871.

Les cadavres des morts restèrent pendant deux jours au bord du chemin, en butte aux outrages des soldats. Dans les plaies de Noirclair, ils avaient planté des cigares ; à presque tous ils avaient mis un cigare aux lèvres ; à certains une bouteille sous le bras, et plusieurs témoins ont vu les Prussiens les souiller d'une façon indigne.

Le 12 octobre, des Prussiens occupaient une grange et y fumaient malgré les risques d'incendie. Le père Collot, âgé de soixante-cinq ans, arrive, tenant d'une main un morceau de pain, de l'autre un couteau. « Mais ils vont nous brûler ! », crie-t-il en levant les bras. Les Prussiens, se prétendant menacés, le saisissent et le traînent, ainsi que sa femme, à la mairie. Après un semblant de jugement, ils sont emmenés sur la route de Charmes. Là, on fusille le mari et on relâche la femme qui meurt trois mois plus tard des suites des violentes émotions qu'elle avait ressenties.

Le général de Werder imposait à la ville une contribution de guerre de 200.000 francs à payer dans les vingt-quatre heures, sous la menace d'un bombardement par l'artillerie en position sur une hauteur voisine.

En 1896, la ville de Rambervillers est autorisée à faire figurer dans ses armes la croix de la Légion d'honneur (1).

---

(1) Récit communiqué par le 17e bataillon de chasseurs.

Épinal (12 octobre 1870)

Les troupes badoises de Werder n'avaient pu pénétrer dans Épinal qu'après un combat où s'étaient distingués une poignée de francs-tireurs. Exaspérées par la résistance, elles y commirent de nombreux attentats :

« Un détachement envahit l'Hôtel de Ville, écrit un
« témoin oculaire; le maire et douze conseillers y siè-
« gent en permanence. Un officier supérieur somme le
« maire de lui désigner, comme otages, trois notables
« et cinq membres du conseil. Le maire refuse. Il est
« conduit, avec cinq de ses conseillers présents, devant
« le général en chef. Les autres l'accompagnent et pré-
« tendent partager sa fortune. Werder les reçoit rude-
« ment. Il est exaspéré de la résistance. Il donne l'ordre
« de désarmer sur l'heure tous les citoyens. Il fixera
« plus tard la contribution de guerre qu'il inflige à la
« ville pour la punir. Le lendemain il exige le verse-
« ment, dans les vingt-quatre heures, d'une indemnité
« de 5oo.ooo francs. Il menace, à la moindre révolte
« des habitants, d'envoyer à Rastadt, comme prison-
« niers de guerre, le maire et tous les conseillers et de
« mettre la ville au pillage.

« Une scène tragique se déroule sur la place des
« Vosges. On amène près de la fontaine, de style
« Louis XVI et d'une harmonie charmante, les prison-
« niers de Failloux. On les tient sous bonne garde.
« Pourtant Pierre, le marchand de fromage, parvient
« à s'échapper dans le tumulte et regagne son logis.
« Les autres sont alignés comme pour une exécution.
« C'est alors qu'un jeune homme de dix-neuf ans, em-
« ployé des contributions indirectes, nommé Colin,
« reconnaît un camarade et veut lui serrer la main. Il
« s'approche. Un soldat de l'escorte le repousse d'un
« coup de crosse. Colin ébauche une riposte et s'enfuit
« dans la rue des Halles. L'Allemand le suit, arme
« froidement son fusil, épaule et tire en pleine foule.
« Colin, atteint dans le dos, pousse un cri et porte la
« main à sa blessure. Une deuxième balle l'étend raide
« mort. »

« Il tombe devant le numéro 9 de la rue. Le proprié-
« taire de la maison, M. Jacoby, est sorti au bruit de la
« détonation. Cette curiosité va lui être fatale. Des
« soldats accourus croient qu'il a tiré un des coups de
« feu. Pris d'une fureur sauvage, ils le hachent à coups

« de sabre. Ils se ruent sur la maison et la pillent, broient
« les meubles, saccagent les carreaux; ils ne laissent in-
« tacts que les murs et les planchers. C'est une image
« de désolation; la population est atterrée (1). »

Environs d'Épinal (octobre 1870)

Leclerc, maréchal ferrant aux Forges, village voisin d'Épinal, s'enrôle comme franc-tireur, fait le coup de feu, aide à fuir des combattants, se cache chez un ami, est dénoncé, pris, traduit devant un conseil de guerre et condamné à être fusillé. On l'emprisonne dans la nuit, il s'évade. Mais il craint que sa vieille mère ne soit prise comme otage et reprend sa place de prisonnier. Il attend la mort. On le conduit au matin dans un verger entre deux soldats.

« On l'arrête au pied d'un pommier, écrit un témoin
« oculaire. On va lui bander les yeux. A ce moment,
« un sous-officier accourt lui annoncer sa grâce. On a
« reconnu son innocence. Il est libre. C'est un coup de
« théâtre. Il n'en croit pas ses oreilles. Devant la
« maison, sur la route, il trouve un officier supérieur,
« un commandant sans doute, qu'entourent de nom-
« breux officiers. Le commandant l'interpelle, la mine
« souriante :
« — Eh bien, monsieur le franc-tireur, vous voilà
« content; vous êtes quitte.
« Leclerc répond simplement :
« — Oui, monsieur.
« L'officier se fâche :
« — Pas monsieur, pas monsieur! Commandant!
« Il ajoute :
« — Puisque vous êtes content, chantez-nous donc la
« *Marseillaise!*
« Leclerc résiste. Ce serait une profanation. Il expli-
« que qu'il n'en sait pas les paroles. Le commandant
« insiste. Il connaît sûrement le refrain. Qu'il le chante!
« L'ordre est impérieux, il faut s'exécuter. Et sur la
« grand'route de son village, dans le cercle des casques
« à pointe, Leclerc entonne le couplet :

Aux armes, citoyens!...

---

(1) René PERROUT, *Pays lorrain et messin*, numéro du 20 mars 1913.

« Il chante maintenant de tout son cœur, avec force,
« avec orgueil, comme s'il criait un défi aux vainqueurs.
« Les officiers l'écoutent avec un air rêveur. Quand il
« s'est tu, ils s'approchent. Ils lui serrent la main l'un
« après l'autre, vigoureusement. Ils lui murmurent
« comme rassurés :

« — Pas franc-tireur ! Pas franc-tireur !

« Seul, le dernier lui fait du doigt une menace, en
« souriant, et le regard narquois, lui glisse :

« — Vous n'avez pas dit la vérité.

« Pendant trois jours une garnison allemande
« occupe le village. Les soldats vivent chez l'habitant
« sans trop le piller ni le maltraiter. Ils dépouillent les
« arbres, vident les celliers, les caves, dépeuplent les
« basses-cours, mais ils respectent les personnes. Les
« paysans respirent. Ils regardent curieusement la vie
« de ces barbares, s'étonnent de leurs mœurs nouvelles,
« surtout de leur discipline, des brutales punitions mi-
« litaires. Un soldat est ficelé à un arbre et gardé par
« une sentinelle : « A quoi bon ? disent-ils, il ne s'échap-
« perait pas, les cordes sont solides. Et quel crime
« a-t-il donc commis ? » D'autres, derrière les maisons,
« publiquement, sont punis de la schlague. On s'inté-
« resse aux costumes, aux manœuvres, aux parades.
« On reconnaît des officiers qui ont logé dans le vil-
« lage il n'y a pas deux ans, et qui, se faisant passer
« pour des forestiers français, ont parcouru les bois et
« relevé tous les chemins. Ils saluent en riant leurs
« anciens hôtes, l'aubergiste, les habitants. Au bout de
« trois jours, le village est évacué. Les Allemands re-
« joignent l'armée de Werder, qui va poursuivre ses
« opérations dans la Franche-Comté.

« Quelque temps après, dans les rues d'Épinal, un
« officier rencontre Leclerc. Il lui montre le revolver-
« baïonnette de la cantinière, que Leclerc avait caché
« dans une lézarde de sa maison et que les soldats ont
« découvert. Il le lui offre.

« — Monsieur des Forges, voilà votre revolver.

« Leclerc s'alarme de cette rencontre. Le souvenir lui
« revient du danger qu'il a couru. Il feint l'étonnement.
« Il renie prudemment le cadeau de la cantinière et re-
« fuse l'arme qui ne lui a jamais, dit-il, appartenu (1). »

---

(1) René Perrout, *Pays lorrain et messin* (avril 1913).

Épinal et environs (octobre à décembre 1870)

« Les passages de prisonniers français sont l'occa-
« sion des pires violences, écrit encore notre témoin.
« Un convoi d'une centaine de captifs : mobiles, gardes
« forestiers et paysans, stationne sur la place des
« Vosges. Un grand concours de peuple les entoure :
« on leur serre les mains, on leur passe de la soupe,
« du pain, des gâteaux, des vêtements et de l'argent.
« Soudain un officier saxon, une façon de colosse, se
« précipite sur moi et me régale d'une volée de coups
« de poing. Les témoins sont indignés. Je subis l'ou-
« trage sans rien dire : un mouvement de défense
« serait ma perte. D'autres fois, les Allemands éloi-
« gnent la foule : les rues sont barrées, des soldats
« font la haie. Des femmes et des enfants se faufilent
« à travers leurs rangs. Ils les repoussent à grands
« coups de crosse et de pieds. On assure que les auto-
« rités regrettent cet excès. Du moins le commandant
« de place distribue des laissez-passer aux membres
« de la Commission municipale de secours aux blessés
« et aux prisonniers, afin qu'ils ne soient plus molestés
« dans leurs fonctions.

« Mais que sont ces voies de fait auprès des captures
« d'otages et des cruelles mesures d'exécutions mili-
« taires ?

« Les Allemands appliquent cette injurieuse méthode
« de faire peser sur quelques citoyens de leur choix la
« responsabilité de leurs déboires. Ils se vengent sur
« des innocents. Nous voyons toujours passer de ces
« victimes expiatoires. C'est M. K..., industriel à
« Dinozé, des plus connus et des plus honorés. On
« l'accuse d'avoir organisé des bandes de francs-tireurs,
« pour les Allemands objet de terreur et de rage. C'est
« faux, mais il est tout de même menacé d'être, dès le
« lendemain, passé par les armes. Il comparaît devant
« un conseil de guerre : il ne sera pas fusillé, mais
« seulement interné en Allemagne. On l'inscrit sur la
« liste des prisonniers avec cette mention d'une inso-
« lence extravagante : « Un certain K..., sans domicile
« connu ». A la fin, on le libère. C'est M. Maulbon,
« percepteur, coupable d'avoir porté au général Cam-
« briels, à Remiremont, 80.000 francs qui proviennent
« de la trésorerie générale où les Allemands ne trou-

« vent que 100 francs, une moquerie. On le relâche,
« brisé de fatigue et d'émotion. Le trésorier général est
« lui-même prisonnier sur parole pour avoir, prétend-
« on, payé la solde des francs-tireurs stationnés dans
« le département. De même tel percepteur, qui fait
« fonctions d'officier-payeur des compagnies franches,
« est activement recherché et terriblement menacé.
« C'est le préfet de la Haute-Saône qui est conduit à
« Coblentz dans une voiture réquisitionnée, ouverte à
« tous les vents, à toutes les rigueurs de l'hiver. Sa
« femme l'accompagne. Il a refusé de saluer Werder à
« son entrée dans Vesoul et donné à ses administrés
« l'ordre officiel de renverser les poteaux télégra-
« phiques et les bornes kilométriques qui pouvaient
« servir à l'ennemi et lui fournissaient d'utiles indi-
« cations.

« C'est le préfet de la Côte-d'Or, puni de la belle
« défense de son département. Ce sont les receveurs
« des postes et télégraphes soupçonnés d'avoir signalé
« aux Français les mouvements des troupes alle-
« mandes. Plus heureux que les autres, le sous-préfet
« de Neufchâteau échappe à la poursuite de vingt-cinq
« hussards qui le traquent pour avoir conservé ses
« fonctions et servi son pays.

« Les maires, les prêtres et les notables sont désignés
« d'avance pour ces représailles. Le maire et l'adjoint
« de Xertigny ont, quelques jours avant l'arrivée des
« Allemands, obtempéré à des réquisitions pour les
« troupes françaises ; c'était leur devoir, c'est leur crime.
« On les arrête, on les conduit dans la Haute-Saône. Ils
« sont, par deux fois, menacés de mort et jugés par un
« conseil de guerre qui finit par les acquitter. Le
« maire a vu de si près l'exécution qu'il a renvoyé sa
« montre à sa femme avec son adieu suprême. Le
« maire et l'adjoint des Forges, en punition de leur
« résistance, le maire de Domptail, soupçonné d'es-
« pionnage, sont expédiés dans les forteresses alle-
« mandes. Le maire de Clerjus, sans l'apparence d'un
« grief, est arrêté puis relâché.

« De même le maire de Dounoux, parce qu'une rixe
« éclate dans sa commune entre un habitant et un
« soldat ; le maire et le curé de Saint-Julien sont
« emmenés prisonniers parce que, dans les environs
« du village, des francs-tireurs ont tiré sur un déta-
« chement, sans d'ailleurs lui causer de pertes. Par
« une soirée glaciale, des uhlans arrachent le vieux
« prêtre à son foyer où il se réchauffe, sans lui laisser
« le temps d'endosser un manteau et de chausser ses

« souliers. A Liezey, Rehaupal, Champdray, les
« paysans, accablés de réquisitions, sont exaspérés.
« Ils accueillent à coups de fusil les gendarmes qui
« viennent surveiller les perceptions et consommer
« leur ruine. Deux cents cavaliers partent pour les
« châtier. Ils empoignent les curés des trois paroisses.
« Quand ils ont des blessés, leur fureur est si grande
« qu'ils attachent avec des cordes leurs prisonniers sur
« des voitures. Les routes sont sillonnées de convois
« de notables. Des uhlans escortent des voitures de
« toutes formes : calèches, cabriolets, omnibus... Elles
« transportent les principaux habitants de nos villages
« ou des départements voisins, coupables de défense
« nationale. C'est le déplacement des responsabilités où
« se complaît la conscience allemande. On va jusqu'à
« conduire à Brême des notables de Dijon, sous pré-
« texte que, dans la mer du Nord, des vaisseaux de
« guerre français ont capturé des navires de commerce
« allemands. C'est Bismarck, dit-on, qui a imaginé cette
« façon de vengeance. On ajoute qu'il recommande
« d'épargner soigneusement les légitimistes et les orléa-
« nistes. C'est ce que m'affirment les captifs.....

« C'est dans les exécutions militaires, froidement,
« passivement, lourdement accomplies, que la férocité
« allemande s'épanouit. Ce n'est pas un coup de
« griffe, un éclair de fureur. C'est le fauve qui se repaît
« jusqu'au dernier morceau..... La guerre n'excuse pas
« de pareils forfaits. C'est ce que les Français de l'a-
« venir n'ont pas le droit d'oublier (1). »

Charmes-sur-Moselle (14 octobre 1870)

Dès le 12 octobre 1870, Charmes-sur-Moselle fut occupé par un détachement allemand venu d'Épinal et composé d'un peloton de hussards rouges et de deux compagnies d'infanterie amenant avec elles 80 gardes-mobiles faits prisonniers dans les Vosges.

Dès son arrivée, le commandant des troupes fit donner l'ordre aux habitants de verser d'urgence à la mairie les armes dont ils pouvaient être détenteurs.

---

(1) René PERROUT, *Pays lorrain et messin*, numéro du 20 avril 1913.

Cette vexation nouvelle s'ajoutait à celles que leur avaient fait subir les troupes de la 2e division de cavalerie en réquisitionnant avec brutalité le 17 août précédent.

Les habitants de Charmes se continrent néanmoins et furent d'une grande correction vis-à-vis des Allemands.

Cependant, le 14 octobre, on apprend brusquement qu'un hussard vient d'être blessé d'un coup de feu, par qui ?... on ne sait trop, certains témoins certifient que c'est un officier prussien qui a blessé le soldat par mégarde. N'importe, c'est le signal d'une fusillade générale... Les Allemands, ivres de rage, craignant qu'on ne cherche à délivrer leurs prisonniers, s'excitent et tirent sur les pauvres gens qui sont dans la rue.

Ordre est donné aux habitants de rentrer dans leurs maisons et de maintenir celles-ci éclairées pour la nuit.

M. Oscar Mariotte, pharmacien, veut transmettre cet avis à son voisin : il est aussitôt entouré par une patrouille, appréhendé et transpercé de coups de baïonnette : il tombe assassiné sur la chaussée..., son magasin est pillé, saccagé, et un poste y est installé dès le lendemain et jusqu'à la fin de l'occupation « pour servir d'exemple »..... Une autre patrouille pénètre chez M. Barbier, alité par suite d'une crise de goutte... Il est arraché de son lit; ni ses cris de douleur, ni les supplications de sa femme et de son enfant n'arrêtent dans leur tâche les féroces soldats qui ont décidé de l'arrêter — si on peut employer ce terme. Il est conduit à la mairie où on le retient prisonnier.

Pendant ce temps, sa cave est vidée, sa maison saccagée, à moitié démolie, puis incendiée ! Pourquoi ces extraordinaires violences ?... Nul n'a jamais pu le dire.

D'autre part, le maire de Charmes, M. Claude, et des notables sont arrêtés et conduits à l'Hôtel de Ville, puis transférés à Nancy.

Le 16 octobre, sur le rapport du chef de détachement, un juge auditeur du tribunal prussien de Nancy arrive à Charmes pour ordonner des représailles ! Il commence une enquête et désigne au petit bonheur, pour être incendiées, les maisons d'où on présume que sont partis des coups de feu !

C'est le lendemain que, systématiquement, le feu est mis à ces habitations.

Par un raffinement de cruauté, des cordons de troupe barrent les rues et interdisent aux habitants de concourir à l'extinction des foyers allumés.

100.000 francs de contribution de guerre sont exigés

immédiatement ; après le versement de cette indemnité, le maire et les notables sont enfin rendus à la liberté et peuvent rejoindre Charmes-sur-Moselle.

Voilà le bilan : pour un hussard blessé par mégarde, on assassine d'inoffensifs habitants, on pille, on saccage leurs maisons, on emprisonne leurs mandataires et on leur impose une contribution de 100.000 francs !... (1).

Nancy (16 octobre 1870)

Les Prussiens avaient amené place Stanislas une cinquantaine de prisonniers, francs-tireurs, mobiles ou paysans pris dans les Vosges. La foule s'était rassemblée autour d'eux, comme pour faire mine de les délivrer. Les Prussiens la sommèrent de se disperser, puis firent une charge à coups de sabre et arrêtèrent quelques personnes. Un garçon du café Foy, qui a été appelé pour porter des rafraîchissements aux prisonniers, n'ayant pu se retirer à temps, est frappé à coups de crosse et n'évite d'être assommé qu'en se réfugiant à l'Hôtel de Ville. Pendant la bagarre un des prisonniers a pris la fuite et a couru se cacher dans la cave de M. Hoffer, marchand épicier de la rue de la Poissonnerie. Il est poursuivi, atteint et grièvement blessé. On le ramène, tout sanglant, dans un état déplorable (2).

Bar-le-Duc (20 octobre 1870)

Deux Bavarois, logés chez MM. Brouillot père et fils, peu satisfaits du vin qui leur avait été donné par Mme Brouillot mère en attendant un dîner plus confortable, faisaient, en l'absence des maîtres de la maison, un tapage infernal. Ceux-ci reviennent de leurs travaux et prennent un modeste repas. Les Bavarois veulent

---

(1) D'après CHANTRIOT, *Est républicain* du 24 mars 1913.
(2) Louis LACROIX, *Journal d'un habitant de Nancy*, p. 286-287.

s'attabler avec eux, mais ils sont refusés. Furieux, ils prennent leurs fusils et menacent de leurs baïonnettes le fils Brouillot. Celui-ci, ancien soldat, détourne les armes dirigées contre lui, s'empare d'un couteau de cuisine et met en fuite ses agresseurs, plus gourmands que braves. Cinq minutes après, ils reviennent escortés par trente camarades, rouent de coups les deux Français et les traînent au poste de la mairie. Ces malheureux y restèrent trois jours, indignement maltraités et dans l'attente de leur jugement. Ils furent condamnés à quatorze jours de prison, mais ne firent que la moitié de leur peine (1).

Remiremont (25-26 octobre 1870)

Après l'occupation d'Épinal (12 octobre), le corps de Werder s'était porté vers le sud. Le 14 octobre, un détachement de ce corps entrait à Remiremont. Il procédait immédiatement à la confiscation des armes possédées par les habitants et faisait main basse sur d'abondantes provisions de vin recélées dans une cave, après s'être « copieusement régalé ». Les Badois quittaient la ville sans y laisser de garnison et marchaient sur Vesoul où leur quartier général s'installait le 19. Quelques jours plus tard, le 25 dans l'après-midi, un ingénieur allemand, accompagné de quelques soldats chargés de la réfection des ponts sur la Moselle détruits par les Français, se présentait à Remiremont pour recruter des travailleurs.

Les Allemands logent, dans la nuit du 25 au 26, à l'hôtel du Cheval de Bronze et dans une maison voisine. Surpris dans leur sommeil par un détachement de francs-tireurs et de mobiles, deux d'entre eux sont faits prisonniers, les autres s'échappent. La répression de cet exploit ne se fait pas attendre.

Dès le lendemain 26, le commandant allemand de la garnison d'Épinal envoie à Remiremont 300 fantassins wurtembergeois escortés par un peloton de hussards. Leur chef a pour mission de demander la remise immédiate des prisonniers et, s'il ne l'obtient pas, il doit

---

(1) LAGUERRE, *Les Allemands à Bar-le-Duc et dans la Meuse*, p. 130.

contraindre la municipalité de Remiremont à verser une somme de 200.000 francs et à fournir des otages. Pendant qu'on discute à la mairie, les Allemands sont avisés par des traîtres que des fusils sont encore cachés dans les combles de l'église. Immédiatement le curé Damien est saisi comme otage et maltraité par des soldats qui ont fait d'excessives libations et manifestent une gaieté inquiétante, et, comme un retour offensif des francs-tireurs est toujours à craindre, les Allemands forcent les habitants à mettre eux-mêmes le feu à deux ponts de bois sur la Moselle.

Les deux prisonniers sont déjà en route sur Saint-Amarin et ne peuvent être rendus sur l'heure, aussi la municipalité doit-elle verser un acompte de 20.000 francs et livrer huit otages qui sont immédiatement empilés dans une voiture pour être conduits à Epinal, puis à Nancy.

Un des traîtres qui avaient indiqué à l'ennemi la cachette des armes fut pris plus tard par les francs-tireurs et fusillé par eux à Saint-Maurice, l'autre réussit à s'échapper. Quant à la municipalité de Remiremont, elle parvint à obtenir la remise de la moitié de son amende, à condition que les prisonniers allemands seraient rendus, ce qui fut fait en janvier 1871. Le curé Damien avait été emmené à Graudenz où il resta prisonnier plusieurs semaines (1).

Sézanne et Meilleray (6 décembre 1870)

Le 6 décembre, des Wurtembergeois passaient à la Ferté-Gaucher et se rendaient dans la ville de Sézanne qu'ils frappaient d'une contribution de 10.000 francs. Le commandant donnait comme motif de cette contribution que la ville de Sézanne n'avait pas reçu convenablement une colonne passée précédemment.

Il entendait par là rendre la ville responsable d'une capture de vins de champagne faite par les francs-tireurs sur une de leurs colonnes.

Pour tirer vengeance de différentes prises qu'avaient faites les francs-tireurs, une colonne de 400 Allemands

---

(1) Émile CHANTRIOT, *Est républicain* du 31 mars 1913.

avec deux canons part de Coulommiers pour la Ferté-Gaucher et frappe cette ville d'une contribution de guerre.

En venant à la Ferté-Gaucher, cinq cavaliers prussiens qui précédaient la colonne voient deux hommes de Tréfols, près Esternay (Marne) ; un seul était franc-tireur, mais tous deux étaient armés d'un fusil. Ils jettent leur arme dans le fossé de la route à la vue des Prussiens, arrivés non loin de Meilleray ; mais, aperçus par les cinq cavaliers, ils sont arrêtés et conduits au village où on leur fait la lecture des règlements contre les francs-tireurs. Conduits à 1 kilomètre de Meilleray, les deux malheureux sont fusillés sans rémission ; ils se nommaient Clément et Perdreau : l'un d'eux était âgé de soixante-dix ans (1).

Flavigny (Côte-d'Or) [24 décembre 1870]

D'après l'historique du 5e badois, le 24 décembre 1870, le major de Röder, qui commandait un détachement du corps du général Zastrow, ayant aperçu quelques groupes d'habitants armés, détacha un bataillon, 4 pièces et un peloton de dragons sur Flavigny « pour en faire l'exécution ».

Après une légère résistance, le village situé sur un rocher qui n'était accessible que d'un côté, fut occupé par les Allemands.

Une contribution de guerre de 6.000 francs dut être payée pour sauver les habitants de l'incendie systématique, moyen préconisé par le maréchal de Moltke pour se faire craindre des populations (2).

---

(1) COUTROT, *Souvenirs de la campagne de 1870-1871.*

(2) D'après le lieutenant-colonel DESBRIÈRES, *La Campagne du général Bourbaki dans l'Est*, p. 221.

Bricon (25 décembre 1870)

Le 25 décembre 1870, un parti de francs-tireurs commandés par le capitaine Javouhey, apprenant que des convois de troupes allemandes doivent circuler sur la ligne ferrée qui va de Chaumont à Château-Villain, prépare un déraillement près de Bricon. Une femme et deux vieillards sont enfermés dans la maison du garde-barrière afin qu'ils ne soient pas tentés de donner l'alarme...

Le capitaine Javouhey s'embusque et attend... Le convoi arrive, déraille..., le désarroi est tel dans les rangs ennemis que les francs-tireurs peuvent fournir un feu nourri sur les troupes du 72e prussien qui composent la formation...

Quelques-uns de ceux-ci — une partie de la 6e compagnie — se portent furieux vers la maison du garde-barrière, brisent la porte et clouent au sol avec leurs baïonnettes la jeune femme et les inoffensifs vieillards que Javouhey y avait enfermés...

Les Allemands, fort mécontents de ce déraillement qui jette la perturbation dans leur service des transports et retarde leur marche sur Bourbaki, décrètent des représailles terribles :

Trois maisons et une partie du château de Bricon sont incendiés.

Le maire, trois notables sont arrêtés, emmenés sur le lieu du combat avec d'autres habitants prisonniers. Frappés de coups de pied et de crosse, ils sont ensuite conduits en prison à Chaumont.

La commandantur de Château-Villain donne l'ordre de faire raser, sur une longueur de 100 mètres et une profondeur de 300 mètres le bois qui borde la voie ferrée.

C'est par ce couvert que le capitaine Javouhey a prononcé son attaque sur le 72e...

La commune d'Orges paie 3.700 francs et celle de Bricon 3.500 francs de contribution de guerre.

... Jusqu'à la signature de la paix, quatre notables de l'un de ces deux villages accompagnent sur la machine le mécanicien des trains allemands (1).

---

(1) D'après le lieutenant-colonel DESBRIÈRES, *La Campagne du général Bourbaki dans l'Est*, p. 246 et suiv.

Fontenoy-sur-Moselle (22 janvier 1871)

En janvier 1871, la France semble bien définitivement vaincue. Ses armées sont en Allemagne, prisonnières. Les troupes improvisées ont été battues et refoulées. Paris meurt de faim et va capituler. Les Prussiens tiennent garnison en Lorraine.

Le 22 janvier 1871, au milieu même du réseau des garnisons prussiennes, 300 francs-tireurs arrivent à Fontenoy-sur-Moselle, dispersent le poste prussien, accourent au pont sur lequel le chemin de fer de Paris franchit la Moselle et font sauter cet ouvrage si important pour les communications de l'armée allemande.

Le coup fait, les francs-tireurs disparaissent, et lorsque les Prussiens arrivent sur les lieux, ils ne trouvent plus personne. C'est alors contre les habitants innocents et désarmés qu'ils tournent leur fureur. Le maire, les notables, les femmes elles-mêmes traînées hors de leurs demeures et parquées dans la gare sont odieusement brutalisées par ces sauvages qui les frappent à coups de crosse, à coups de poing et leur crachent au visage. Un malheureux vieillard de soixante-quatorze ans, M. Maillard qui veut s'interposer en faveur de ses petits-fils est, sur l'ordre d'un officier, abattu d'un coup de fusil comme une bête malfaisante. Puis, par ordre supérieur, le village est livré à un pillage en règle dont le commencement et la fin sont indiqués par des sonneries de clairon. Ensuite, les maisons enduites de pétrole sont incendiées. Une paralytique, Mme François, est ainsi brûlée vive sur son lit après que, par un raffinement de sauvagerie, ses fils eurent été empêchés de lui porter secours.

L'église, épargnée par le feu, est saccagée de fond en comble et comme certaines maisons n'étaient pas, au gré des vainqueurs, suffisamment détruites, un second incendie, allumé par ces barbares, réduit en cendres ce qui restait du malheureux village.

Pour réparer le pont, les Prussiens réquisitionnent tous les habitants des alentours, ils cernent même à Nancy sur la place Stanislas un certain nombre de paisibles bourgeois qui sont dirigés sur Fontenoy et doivent aider aux travaux de terrassement.

La province de Lorraine, la ville de Toul, le village de Fontenoy sont frappés d'amendes énormes, toute sonnerie de cloches est désormais interdite dans la banlieue de Toul. Enfin l'affiche suivante est apposée, dont on a pu dire qu'elle violait les règles de l'humanité autant que celles de la syntaxe :

— AVIS —

La plus revêche surveillance à la sûreté des chemins de fer et d'étape.
Le pont de chemin de fer tout près de Fontenoy aux environs de Toul aujourd'hui fait sauter.
Pour la punition, la village de Fontenoy fût brûlée de fond en comble.
Le même sort tombera aux lieux où quelque chose arrive de semblable.

Toul, le 22 janvier 1871,

Le Commandant d'étapes
von SCHMADEL.

Lentement, péniblement, le malheureux village de Fontenoy s'est relevé de ses ruines. Il n'y serait jamais parvenu si les secours du pays tout entier et l'œuvre générale du « Sou des chaumières » ne l'y avaient aidé.

Il avait été question tout d'abord de reconstruire le village ailleurs et de laisser en l'état les murs calcinés et les ruines amoncelées, pour que leur tableau lugubre entretînt longtemps, parmi les générations futures, avec le souvenir des atrocités commises, le désir de les venger.

Mais les habitants si durement éprouvés, n'ont pas voulu abandonner les lieux où ils ont si cruellement souffert (1).

Quand même, le souvenir reste ainsi que la preuve... On trouve en effet à Toul, une photographie, dont le cliché précieusement conservé par son détenteur, montre, devant les maisons éventrées de Fontenoy-sur-Moselle : les vainqueurs en train de boire...

Enfin, devant le monument élevé pour perpétuer le

---

(1) D'après l'ouvrage du colonel SAINT-ÉTIENNE, *Les Chasseurs des Vosges et leur coup de main sur le pont de Fontenoy.*

souvenir de l'exploit des francs-tireurs et aussi celui des innocentes victimes de la sauvagerie allemande, les régiments de la Division de fer viennent fidèlement, chaque année, élever l'âme de leurs recrues dans l'hommage simple mais éloquent d'un émouvant défilé.

Byans (23 janvier 1871)

Une avant-garde allemande, qui de Dampierre sur le Doubs se dirigeait sur Quingey, avait découvert en gare de Byans, un train de malades et blessés qu'on évacuait sur Lyon. Son artillerie canonna le convoi et fit un affreux carnage de nos malheureux soldats incapables de fournir la moindre défense (1).

Salins (26 janvier 1871)

Vers la fin de janvier 1871 l'armée allemande sous les ordres de Manteuffel poursuivait à travers le Jura les malheureuses bandes du général Bourbaki.

Les tirailleurs prussiens attaquent la petite ville de Salins qui est défendue par : 50 soldats du 84e, une centaine de gardes nationaux et une vingtaine de zouaves. Ces braves gens tiennent bon ; mais la retraite est ordonnée par le commandant des mobilisés. Immédiatement l'ennemi s'avance et s'empare de la porte Barberine. Se formant alors en colonne d'assaut, malgré le feu meurtrier des derniers défenseurs, les Prussiens se précipitent comme un torrent à travers la ville, poussant des cris féroces, abattant à coups de fusil ou de baïonnette les vieillards, les femmes et les enfants que le démon de la curiosité a poussés sur les portes ou aux fenêtres.

C'est ainsi que furent tués le préposé à l'octroi Fumey,

---

(1) Lieutenant-colonel ROUSSET, *Histoire de la guerre franco-allemande*, t. III, p. 142. Enquête parlementaire.

la nièce du curé de Saint-Maurice, égorgée sur le seuil de sa porte, pendant que ce prêtre était lui-même renversé d'un coup de crosse à la tête ; Sornay, un vieillard, qu'ils lardèrent de coups de baïonnette jusque dans sa chambre ; l'épicier Reddet derrière son comptoir et sa femme dans l'arrière-boutique (1).

Sainte-Marie-aux-Mines (22 février 1871)

Le 21 février 1871, des soldats wurtembergeois fêtaient le mardi gras à Sainte-Marie-aux-Mines. Ils cherchèrent noise à deux habitants qui jouaient aux cartes dans une auberge, et voulurent les frapper à coups de baïonnette. Mais ces deux hommes, vétérans de l'armée du Second Empire, saisirent des pieux et mirent en fuite leurs agresseurs.

Le lendemain arrivait un détachement wurtembergeois qui commença par assommer quelques habitants à coups de crosse ; l'un des vétérans de la veille fut attaché à une crèche devant l'auberge, et roué de coups au point qu'il en mourut quelque temps après.

Le maire et un notable furent emmenés en otages.

Le village reçut une garnison de 400 soldats, logés chez l'habitant, et dont l'entretien occasionna à la commune une dépense de plus de 30.000 francs (2).

Lunéville (22 mars 1871)

L'occupation allemande, après la guerre, pesait lourdement sur le pays. Trois semaines après la ratification des préliminaires de paix, une scène hideuse, digne des plus mauvais jours de l'invasion révoltait la population de Lunéville. Le 22 mars 1871, au soir, un paisible citoyen, estimé de tous, M. Duchêne, négociant âgé de cinquante-deux ans, promenait paisiblement son chien

---

(1) Général BRUNEAU, *Récits de guerre*, p. 49 et 50.
(2) GALIEN, *Éphémérides alsaciennes*, p. 414.

à quelques pas de sa maison, lorsqu'il fit la rencontre au coin de la rue Demangeot et de la rue Sainte-Marie, du lieutenant Wolfart adjoint au commandant des étapes. L'officier pris de boisson, appela le chien, que M. Duchêne attirait à lui, tout en se rangeant sur le trottoir en face de la pâtisserie Dumont (aujourd'hui Simony). Sans autre provocation, le lieutenant apostropha grossièrement M. Duchêne qui se contenta de lui répondre : « Je ne vous demande rien, laissez-moi passer mon chemin. » L'officier furieux souffleta M. Duchêne et tirant son sabre le larda de coups. Deux courageux citoyens, M. Ribierre pharmacien et M. Blum restaurateur voulurent intervenir, on leur répondit par des coups de sabre, qu'ils eurent la chance d'éviter. Sur ces entrefaites, des soldats accourus aux cris de leur chef, lui prêtèrent main-forte, frappèrent à leur tour, et traînèrent jusqu'au poste du Château le malheureux Duchêne dont la santé était chancelante depuis quelque temps. Ramené dans la nuit à son domicile, M. Duchêne se mit au lit et mourut trente-six heures après. Les Drs Castara, Mouginot et Châtelain chargés de l'autopsie constatèrent qu'il avait succombé à une congestion des membranes du cerveau et à une hémorragie stomacale occasionnées par les violences dont ils décrivaient les traces. La ville tout entière assista aux funérailles de M. Duchêne et la famille fit élever une tombe où on lit encore cette inscription :

> Ici repose Jean-Baptiste Duchêne
> mort a l'age de 52 ans
> Le 24 mars 1871
> Victime d'une lache agression
> d'un officier et de soldats de l'armée prussienne (1).

La fin de l'occupation allemande causa dans toute la France et particulièrement à Lunéville une très grande joie.

Ce fut le 1er août seulement que l'heure de la délivrance sonna pour cette ville. Ce jour-là, à 6 heures du matin, la cavalerie prussienne s'ébranlait suivie, dix minutes après, par l'infanterie. A peine le dernier Prussien eut-il dépassé la dernière maison du faubourg d'Einville que les persiennes s'ouvrirent et les drapeaux parurent aux fenêtres. A 7 heures les cloches sonnaient

---

(1) *Histoire de Lunéville*, par H. Beaumont, docteur ès lettres, p. 670-671.

à toute volée et la ville était en fête. La musique municipale parcourut les rues de la ville en jouant l'air : « Vous n'aurez pas l'Alsace et la Lorraine... », pendant que le maire et les adjoints achevaient à M. Thiers, la dépêche suivante :

« Libre enfin, grâce à vous, la ville de Lunéville à « l'heure de la délivrance vous envoie l'expression de « sa profonde gratitude. »

Le 2 août à 8 heures du matin, une compagnie du 26ᵉ de ligne arrivait par chemin de fer... Après avoir reçu des autorités les compliments officiels de bienvenue, les soldats français se rendirent, tambour battant, au milieu d'une foule grossissante à la caserne des Cadets. Cinq autres compagnies débarquaient le lendemain à 2ʰ 30 du matin... saluées par les acclamations de nombreux citoyens qui avaient passé la nuit à la gare. On criait : « Vive l'Armée ! Vive la République ! Vive M. Thiers ! » La musique municipale et les clairons de la Société de gymnastique se mirent à la tête des troupes. Trois de ces compagnies partirent le 5 août pour Nancy et les autres furent remplacées au commencement de novembre par une garnison de cavalerie (1).

Verdun-sur-Meuse (1ᵉʳ mai 1871)

Jules Dargent, serrurier, causait tranquillement, vers 11 heures du soir, avec deux de ses frères, son ouvrier et Ernest Henry, sur le trottoir en face de sa maison, rue Neuve 24 à Verdun, lorsqu'un sous-officier du 13ᵉ régiment d'infanterie allemande, nommé Sommer, sortit du cabaret tenu par la dame Quentin. Sommer était ivre. En passant près des frères Dargent il les bouscule. Ceux-ci lui font observer qu'il a tort d'agir de la sorte. Le sous-officier furieux, les menace de son épée, retourne chez la veuve Quentin et appelle à son aide trois soldats qui se trouvent dans l'auberge. Les Dargent dans l'intervalle étaient rentrés chez eux... Sommer et les trois Prussiens ne trouvant plus personne sur le trottoir, se mettent à frapper à la devanture et

---

(1) D'après l'*Histoire de Lunéville*, par H. BEAUMONT, docteur ès lettres, p. 674.

en brisent les vitres. La garde arrive au bruit et tous les soldats pénètrent dans la maison. Le sous-officier prend un fusil et tire. La balle atteint Henry à la main gauche. Jules et Jean s'échappent, mais leur frère Alphonse est fait prisonnier par cette soldatesque en délire et conduit en prison. Dans le trajet il parvient à s'échapper, se jette dans la Meuse et essuie deux coups de feu qui ne l'atteignent pas. Irrités de leur insuccès, les Prussiens retournent dans la rue Neuve, maltraitent Mme Dargent mère, vieille et infirme, s'emparent de sa fille et de son plus jeune fils âgé de quinze ans, ainsi que de l'ouvrier Théophile, et les conduisent tous trois à la citadelle. « Ils ne furent relâchés que plusieurs jours après. Les trois autres frères se tinrent cachés pendant huit jours et leur maison fut occupée militairement pendant vingt-quatre heures, après plusieurs perquisitions qui permirent aux Prussiens de voler, tant en argent qu'en objets divers, pour une somme de 426 francs. » (1)

---

(1) LAGUERRE, *Les Allemands à Bar-le-Duc et dans la Meuse*, p. 235 et 236.

CHAPITRE II

LA GUERRE DANS LES ARDENNES

(Passavant — Beaumont — Bazeilles)

Passavant (25 août 1870)

A la fin d'août les Prussiens ont envahi l'Est de la France. Partout, ils se livrent au pillage. Ils brisent et saccagent ce qu'ils ne peuvent emporter. A Saint-Avold, Bismarck lui-même a pris un fusil de chasse et deux superbes chiens braques gascons, « pour chasser, a-t-il dit, dans la plaine « de Châlons ». A son exemple, officiers et soldats pillent et volent à l'envi, emportent les couverts, les bijoux, les vêtements, le linge, les meubles et jusqu'aux vases sacrés des églises.

Leur cavalerie les précède, recherchant sur la route de Paris, l'armée de Mac-Mahon reformée à Châlons et qui, dans cet instant même s'ébranle vers le Nord... vers Sedan.

Le 25 août, leur avant-garde rejoint près de Vitry un détachement de mobiles de la Marne. Ces jeunes gens qui ne savent ni manœuvrer, ni faire usage de leurs armes ne peuvent résister longtemps. Entourés, attaqués de toutes parts, ils sont faits prisonniers.

Alors commence pour ces malheureux le long supplice qui doit aboutir à l'horrible assassinat connu dans l'histoire sous le nom de Massacre de Passavant.

Les uhlans rassemblent d'abord en colonne les mobiles prisonniers ; ils ramènent au troupeau les isolés en les attachant avec des cordes au pommeau de leur selle et en les traînant au galop de leurs chevaux. Les officiers sont insultés, on leur arrache leurs décorations, on leur crache au visage, on brise sur eux des bois de lance. Officiers et soldats ne sont sauvés d'un massacre général que par l'intervention personnelle du grand-duc de Mecklembourg.

Les prisonniers, au nombre de huit cent cinquante, se mettent en marche. Au bout de deux heures, au moment où la colonne arrive aux premières maisons de Passavant, un mobile quitte les rangs pour aller boire au ruisseau. Croyant qu'il se sauve, un Prussien tire sur le malheureux. Ce coup de feu est le signal d'un affreux massacre. Les uhlans se précipitent sur les mobiles désarmés et les abattent à coups de sabre et de lance. Trente-deux sont tués sur place, quatre-vingt-douze sont mutilés. Ce fait si douloureux montre bien avec quelle brutalité nos ennemis entendaient faire la guerre, et combien peu leur répugnait une sauvagerie si éloignée cependant de la civilisation dont ils ne cessent de se targuer (1).

Beaumont (30 août 1870)

L'armée réunie à Châlons s'est ébranlée vers la Meuse pour aller au secours de Bazaine enfermé dans Metz. Elle est rejointe par l'armée allemande du Prince royal et le 5e corps français qui ne se garde pas, est surpris à Beaumont au moment où les soldats font tranquillement la soupe.

Le combat dans ces conditions est défavorable et meurtrier pour les Français qui battent en retraite. L'occupation par les Prussiens du village de Beaumont est marquée par de nouveaux exploits. Non contents de saccager les boutiques et de piller les épiceries, les soldats saxons déchirent les pièces de drap des marchands de nouveautés et brisent les faïences pour le seul plaisir de détruire. Les caves sont dévastées, les bijoux et l'argenterie volés. L'eau elle-même est confisquée par ces barbares. Pendant que nos blessés meurent de soif, des sentinelles empêchent quiconque d'approcher des puits.

Un habitant de Beaumont est menacé par cette soldatesque, la pointe du sabre sur la poitrine, d'être traîné à la queue d'un cheval, s'il ne donne pas deux cent cinquante bouteilles de champagne (2).

---

(1) Dick de Lonlay, p. 263 et lieutenant-colonel Rousset, *Guerre de 1870*, p. 450.

(2) Dick de Lonlay, p. 344.

Bazeilles (1ᵉʳ septembre 1870)

Au cours de la bataille de Sedan, l'infanterie de marine s'acquitta de sa mission avec une ténacité et une bravoure restées légendaires. Les Bavarois eurent des pertes considérables, et durent assiéger les maisons une à une. Furieux ils se vengèrent sur les prisonniers et même sur les habitants.

Une poignée de survivants de « marsouins », cernés dans une maison, finissent par se rendre, sous promesse d'avoir la vie sauve. A peine dans la rue, ils sont désarmés et fusillés lâchement malgré la foi jurée : deux officiers et seize hommes périssent ainsi. Un turco blessé est fouetté par les Bavarois et jeté en bas d'un fourgon.

Ils manifestent la même cruauté à l'égard des habitants. Un vieillard, dont les soldats français avaient occupé la maison, est assommé à coups de crosse. Un malade, atteint de pleurésie, est assassiné à coups de revolver sous les yeux de sa femme. Un pauvre idiot est brûlé vif sur un tas de paille. Le passeur de Remilly, quelques jours après la bataille, retire de la Meuse les cadavres de deux paysans, auxquels les mains avaient été attachées derrière le dos. Les femmes mêmes sont odieusement traitées par ces misérables.

Quarante-trois habitants de Bazeilles furent tués et plus de cent cinquante moururent peu après des suites des blessures ou des mauvais traitements reçus.

Le village fut l'objet d'une exécution méthodique : trois cent soixante-trois maisons, enduites de pétrole, avaient été incendiées après un consciencieux pillage. L'une d'elles, qui renfermait une trentaine de blessés français, ensevelit ces malheureux sous ses décombres.

Ainsi en a décidé l'autorité allemande, sous le prétexte, d'ailleurs erroné, que les habitants de Bazeilles ont aidé l'infanterie de marine dans sa résistance héroïque.

A Sedan, le 29 septembre, les autorités allemandes interdirent une quête en faveur des sinistrés de Bazeilles (1).

---

(1) Dick de Lonlay, t. I, p. 522 et suivantes.

Occupation allemande dans les Ardennes

Pendant la première moitié de la campagne, les Allemands refusèrent d'accorder aux francs-tireurs la qualité de combattants. Le général Senden qui commandait dans les Ardennes lançait cette proclamation en décembre 1870 :

« Le commandant en chef de la IIe armée allemande
« fait connaître que tout individu qui ne fait partie ni
« de l'armée régulière française ni de la garde nationale
« mobile, et qui sera trouvé porteur d'une arme, portât-il
« le nom de franc-tireur ou autre, du moment qu'il sera
« saisi en flagrant délit d'hostilité vis-à-vis de nos trou-
« pes, sera considéré comme traître et pendu ou fusillé
« sans autre forme de procès. Je préviens les habitants
« du pays que, selon les lois de la guerre, les com-
« munes, sur le territoire desquelles les délits auront
« lieu, seront considérées comme responsables.

« Les maires devront prévenir le commandant alle-
« mand le plus rapproché, dès que les francs-tireurs
« seront signalés sur le territoire de leur commune.

« Toutes les maisons et villages qui donneront abri
« aux francs-tireurs, sans que le maire donne la notice
« susdite, seront brûlés ou bombardés (1). »

Signé : SENDEN.

---

(1) Lieutenant BRENET, *France et Allemagne devant le droit international*.

CHAPITRE III

LA GUERRE DANS LE NORD

(Normandie — Picardie — Soissonnais)

Gisors (9 octobre 1870)

Le 9 octobre 1870, le corps du prince Albert se porta des bords de l'Oise sur Magny et Gisors où il entra après avoir dispersé une poignée d'habitants armés qui avaient fait mine de défendre la ville, et réduisit, sans grande difficulté, l'héroïque mais vaine résistance que tentèrent, au nord de l'Epte, une trentaine de gardes nationaux de Bazincourt. Cinq de ces malheureux, faits prisonniers, furent passés par les armes le lendemain ; trois autres en furent quittes pour une bastonnade, châtiment bien connu des soldats allemands (1).

Saint-Quentin (20 octobre 1870)

Les Allemands avaient cherché, le 8 octobre, à s'emparer de la ville de Saint-Quentin qui s'était vaillamment défendue.

Ayant appris que quelques troupes françaises venaient de quitter cette ville, le commandant allemand de la place de Laon dirigea contre Saint-Quentin une nouvelle expédition qui, après avoir traversé l'Oise à Ven-

---

(1) Lieutenant-colonel ROUSSET, *La Guerre franco-allemande.* — Général AMBERT, *Récits militaires.*

deuil sur un pont reconstruit de force par les habitants, vint, le 20 octobre, canonner la ville. Elle ne se défendit pas. Néanmoins, l'ennemi, qui n'avait agi que dans un but d'intimidation, exigea de la municipalité la somme énorme de 950.000 francs (1).

Soissons (fin octobre 1870)

Vers la fin d'octobre, la sécurité de la ligne d'opérations des Allemands était devenue douteuse. L'ennemi n'avait pour la protéger que des troupes d'étapes obligées à la fois de surveiller tout le pays entre l'Oise et la Marne et de se garder contre des groupes de francs-tireurs dont la présence était signalée vers Saint-Quentin et Vervins. L'autorité militaire allemande prodiguait vainement des menaces, d'ailleurs toujours mises à exécution, et proclamait que tout individu ne faisant pas partie de l'armée régulière, pris les armes à la main, serait jugé « comme traître et pendu ou fusillé sans autre forme de procès ». (Ordre du gouverneur prussien de Soissons en date du 19 octobre.)

C'était en vain également qu'elle élevait le taux des contributions levées sur les régions envahies. La sécurité de la ligne d'opérations n'en devenait pas meilleure. A la suite d'une attaque dirigée contre une sentinelle allemande, la ville de Soissons fut frappée d'une contribution de 40.000 francs (2).

Forêt-la-Folie et Guitry (7 novembre 1870)

Le 7 novembre, un détachement de cavalerie ennemie, allant de Monflaines à Guitry suivait la route d'Étrépagny à Vernon. Il longeait des bois où les francs-tireurs rouennais (capitaine Buhot) s'étaient

---

(1) Lieutenant-colonel ROUSSET, *La Guerre franco-allemande*.
(2) ID., *ibid*.

embusqués. Les uhlans furent dispersés par une vive fusillade, mais peu d'instants après l'infanterie prussienne arrivait pour fouiller le bois. Après une résistance énergique, les francs-tireurs battent en retraite, sautant les haies, escaladant les murs et se glissant dans les vergers. Les fantassins ennemis se mettent à leur poursuite, ne perdant pas leur trace ; les partisans franchissent les murs de l'habitation de l'adjoint au maire. Les Allemands viennent frapper à la porte, le propriétaire vient ouvrir, accompagné de sa fille ; il est massacré. Un garde-chasse, nommé Lainé, armé de son fusil, se trouve près de la maison de l'adjoint ; on lui ordonne de déposer son arme à terre et de se rendre. Le garde refuse et, voyant deux Prussiens s'avancer pendant que deux autres le mettent en joue, il fait feu, tue son homme, mais tombe sans prononcer une parole. Ces faits se sont passés à Forêt-la-Folie.

Non loin de là, le village de Guitry devient le théâtre d'un véritable massacre de paysans. Les Prussiens arrêtent le maire, M. Besnard, et mettent le feu à son habitation. Pendant l'incendie, huit habitants reviennent des champs, avec leurs instruments de travail, sans armes et silencieux ; ils sont saisis par l'ennemi et égorgés un à un (1).

Vernon (21 novembre 1870)

Le régiment de mobiles de l'Ardèche (colonel Thomas) avait tendu une embuscade à une colonne allemande qui avait atteint Vernon. Les routes de retraite de l'ennemi étaient toutes occupées par des postes français, et le coup de main paraissait devoir réussir.

Toutefois, en arrivant à Vernon, les Allemands apprennent par des indiscrétions coupables, la présence des mobiles dans le bois de Bizy. Ils essaient de se replier sur la route de Paris, mais des postes, placés également de ce côté, leur barrent le passage et les reçoivent à coups de fusil. Affolés ils se rabattent sur la ville et cherchent à tout prix à se frayer un passage dans la forêt de Bizy. Les Allemands y

---

(1) Général AMBERT, *Récits militaires*. — ERNOUF, *Souvenirs de l'invasion prussienne*.

parviennent hélas, grâce à l'infâme complicité des gardes de la forêt de Bizy, qui appartenait à un banquier d'origine allemande. Renseignée par ceux-ci, la cavalerie ennemie parvient à découvrir quelques petits chemins de service ignorés des nôtres. L'artillerie et les trains s'y engagent, pendant que l'infanterie marche sur les mobiles pour les contenir. Après une fusillade très vive qui dure une heure environ, l'ennemi disparaît dans la forêt, ne laissant entre nos mains que quelques prisonniers, et douze fourgons attelés à quatre chevaux. On trouva sur ces voitures et parmi les bagages appartenant aux officiers, une grande quantité d'objets volés par les Allemands dans diverses localités, tels que « pendules (naturellement) montres, jouets d'enfant, vêtements de femme, châles, cachemires, mouchoirs, pièces d'étoffe en drap, bijouterie, outils, sacs d'argent, etc... » (1).

Amiens (18 décembre 1870)

Le général Farre écrivait d'Albert, le 18 décembre 1870, au lieutenant-colonel de Villenoisy :

« Hier 17, nos troupes sont allées en reconnaissance
« à Longeau ; le général en chef accompagné de son
« chef d'état-major, est monté seul sur les hauteurs
« qui dominent Amiens au delà de Saint-Acheul.

« Aucun soldat français n'est entré dans la ville,
« néanmoins un acte de sauvagerie inouïe a été commis
« par le commandant prussien de la citadelle. Il a
« lancé des bombes sur la ville et a fait tirer des remparts sur tout ce qui passait dans le voisinage de la
« citadelle et notamment sur les voitures publiques.

« Il y a eu six personnes tuées ou blessées sans que
« rien absolument ait pu justifier ces faits odieux. Il
« faudra pourtant que l'heure des règlements de compte
« finisse par sonner pour les Prussiens. »

---

(1) GRENEST, *Les Armées du Nord et de Normandie. Récit anecdotique*, p. 74 et suiv.

Querrieu (23 décembre 1870)

Au début des hostilités, deux braves ouvriers, dont un nommé Seigneurin, habitants de Dunkerque, âgés de plus de trente ans et mariés, n'hésitèrent pas à s'engager dans un bataillon de chasseurs à pied (dépôt du 1er) de l'armée du Nord. Après s'être bravement battus dans plusieurs engagements, les deux amis furent faits prisonniers au combat de Querrieu, le 23 décembre. Le soir, tous les prisonniers français se trouvaient alignés sur le champ de bataille, lorsque Seigneurin crut pouvoir quitter une seule minute les rangs pour reprendre sa capote qui avait été jetée à peu de distance avec des fournitures. Un officier prussien s'aperçut du mouvement, et bien que Seigneurin fût à deux pas à peine de l'alignement, il le tua à bout portant d'un coup de revolver, puis il appela deux soldats prussiens qui enlevèrent le cadavre et le jetèrent encore palpitant dans la tranchée où déjà des morts se trouvaient entassés.

Presque immédiatement la colonne des prisonniers se mettait en route pour l'Allemagne (1).

Péronne (27 décembre 1870)

Le 27 décembre, le général Manteuffel qui s'était décidé à occuper Péronne, donna l'ordre au corps de siège de se préparer à un bombardement général, si on ne réussissait point à prendre la ville par intimidation.

Le commandant de la place ne se laissa point émouvoir par les menaces de l'ennemi. A 2 heures de l'après-midi, cinquante-huit canons prussiens, postés sur les hauteurs distantes à peine de 1.600 mètres, ouvrirent sur la malheureuse ville un feu d'une épouvantable violence...

L'artillerie de la petite place répondit, mais avec

---

(1) Général AMBERT, *Récits militaires*.

peu de succès. Les habitants, surpris par ce bombardement dont ils avaient été à peine avertis, se réfugièrent, affolés, les uns dans les caves des maisons, les autres dans les casemates où rien n'avait été préparé pour les recevoir. Les projectiles s'abattirent d'abord sur l'église, dont le clocher servait de repère pour régler le tir, puis, aussitôt après, sur l'hôpital, où flottaient trois drapeaux blancs à la Croix de Genève, que les Prussiens voyaient parfaitement. A 3 heures, l'hôpital était en flammes ; il fallut, sous une pluie d'obus, en évacuer les malades, les blessés, les infirmes. L'ennemi prenait pour but de tir le foyer de l'incendie que les obus alimentaient sans cesse (1).

Longpré (commencement de janvier 1871)

Pendant le siège de Péronne, des colonnes volantes attaquent les quelques éléments français à leur portée pour les empêcher de troubler ce siège. Celle du colonel Pestel a pour but de déloger des fractions de mobilisés, de Longpré (Somme). Nos jeunes troupes sont battues, et après un combat qui ne leur avait coûté que des pertes insignifiantes, les Prussiens massacrent des blessés et des civils inoffensifs. En voici la liste :

Deux mobiles blessés sont massacrés dans un hangar où ils s'étaient traînés, un autre est tué dans un jardin, deux enfin sont mis à mort dans des prairies où on ne s'était pas battu. Dans une ambulance improvisée au café Noy, situé près de l'église, se trouvait un mobile blessé qu'entouraient deux médecins militaires, le cafetier et sa fille ; quatre Prussiens arrivent et fusillent, à bout portant, le malheureux mobile, puis ils dirigent leurs armes contre les médecins qui, heureusement, évitent les balles tirées sur eux ; ils enlèvent à l'un d'eux, M. Dransart, sa trousse, sa montre et son porte-monnaie.

Un berger, nommé Dulin, qui veut rentrer chez lui pendant que les Prussiens y perquisitionnent, est mis à mort. Un boulanger, nommé Gabry, occupé à son pétrin, est tiré hors de sa maison et fusillé sur le pas

---

(1) Lieutenant-colonel ROUSSET, *La Guerre franco-allemande.*

de sa porte. Un autre, nommé Pilvoix, est jeté en bas de son grenier, où il s'était réfugié, et mis à mort.

Une femme, nommée Miannay, veut défendre son mari malade qu'on maltraite; les Prussiens la tuent (1).

Les instituteurs de l'Aisne (janvier 1871)

Leroy était instituteur à Vandières dans les environs de Château-Thierry. On y avait formé une compagnie de francs-tireurs qui fit subir quelques pertes à l'ennemi dans les premiers jours de janvier 1871 et lui captura un troupeau de près de 1.900 moutons.

Le 18 janvier un détachement prussien vint perquisitionner dans le village. Un prisonnier allemand évadé prétend reconnaître l'instituteur comme l'un des chefs des francs-tireurs. Les soldats l'arrachent de sa classe, l'accablent de coups de pied et de coups de crosse et l'entraînent sous la menace de leurs revolvers. Neuf personnes sont arrêtées et conduites à Châlons-sur-Marne.

Il se passa dans Vandières des scènes déchirantes; les femmes se jetèrent aux genoux des Prussiens jurant que le village ne cachait aucun franc-tireur. Ce fut le lendemain seulement que les prisonniers furent embarqués dans des wagons à bestiaux; les malheureux étaient liés ensemble afin que tout mouvement leur fût impossible. Pendant un long arrêt, un officier s'élança sur Leroy et lui demanda combien il avait d'élèves : « Soixante ! » « Soixante brigands, soixante canailles ! » et lui tirant violemment la barbe : « Voilà un instituteur de cette grande nation, la plus civilisée de l'Europe ! » Et, sans doute pour lui prouver la supériorité de la nation allemande, il cracha à la figure du malheureux. Le lendemain les prisonniers arrivaient à Châlons où ils passaient devant un Conseil de guerre. Condamnés à mort, Leroy et trois de ses compagnons furent fusillés le 22 janvier. Des fosses avaient été creusées sur le lieu de l'exécution et au bord de chacune on avait placé une bière.

Debordeaux, également instituteur, avait organisé la résistance dans le Soissonnais. Appelé, comme sergent-

---

(1) Lieutenant-colonel LÉVI, *Défense nationale dans le Nord.*

major, à commander la garde nationale de Pasly, il avait par son ardeur et sa foi patriotique entraîné celle de deux villages voisins et empêché par deux fois l'ennemi de franchir l'Aisne. Les Allemands ayant réussi à construire un pont sur cette rivière, envoyèrent des détachements dans les villages pour rechercher les combattants.

A Pasly, l'instituteur Debordeaux et un autre habitant dénoncés comme ayant pris les armes furent maltraités et fusillés. Les habitants ne purent donner une sépulture à ces deux braves que le lendemain seulement.

Poulette était instituteur à Vauxrezis où il avait organisé la garde nationale. Celle-ci ayant contribué à la défense du passage de l'Aisne, les Prussiens exigèrent de l'instituteur les noms des gardes nationaux qui avaient combattu. Sans se laisser troubler par la perspective du sort qui l'attendait, Poulette refusa de les donner ; mais il se trouva un traître qui les dénonça.

Trente personnes furent arrêtées et l'instituteur fut condamné à mort ainsi que deux habitants. Les prisonniers durent assister à l'exécution, enterrer les cadavres et piétiner le sol qui les recouvrait (1).

Dieppe (janvier 1871)

A Dieppe, les Allemands trouvent une manufacture de tabacs. Les cigares et paquets de tabac sont immédiatement saisis et distribués aux troupes. Mais on découvre en outre une grande quantité de tabac non préparé et par suite inutilisable. Le commandant du corps d'armée von Gœben le fait saisir également puis le revend à la municipalité « à bon compte et amicalement ». Le prix fixé est de 100.000 francs en or ou 200.000 francs en billets et l'on saisit à titre d'otages le maire et plusieurs notables, jusqu'à ce que l'argent ait été trouvé (2).

---

(1) Lieutenant LAVISSE, *Tu seras soldat.* — COUTROT, *Souvenirs de la campagne 1870-1871.*
(2) GEBHARD ZERNIN, *August von Goeben in seinen Briefen.* Berlin 1883, p. 336 et 337. Cité par le capitaine Lechartier.

Emploi par les Allemands des chemins de fer et télégraphes (janvier 1871)

Les Allemands, après avoir usé vainement de la persuasion auprès du personnel des chemins de fer et télégraphes pour les engager à faire fonctionner ces services, en vinrent bientôt aux menaces. L'ingénieur en chef (allemand) de la Somme, adressait aux communes, en janvier 1871, la lettre suivante :

« Monsieur le Maire,

« Vous êtes invité à requérir les employés et ouvriers
« occupés sur la partie de chemin de fer traversant le
« territoire de votre commune, tels que : cantonniers,
« chefs de gare et tout son personnel. Tous ces agents
« reprendront leur service comme par le passé et se
« trouveront à leur poste à notre premier passage, afin
« d'organiser le service.

« Faute par vous de vous rendre à cette invitation et
« par ces agents de s'y conformer, la commune de.....
« sera frappée d'une contribution de guerre et les ré-
« calcitrants traduits devant une cour martiale.

« Recevez....., etc.

« Signé : Glaser. »

Le préfet allemand de la Somme faisait afficher de son côté la notification ci-dessous :

« Les télégraphes et chemins de fer sont placés sous
« la surveillance des communes dont ils traversent le
« territoire. Celles-ci sont responsables de tout dégât,
« endommagement ou destruction causés au matériel.

« Il est donc dans l'intérêt des communes d'organiser
« un service de surveillance, nuit et jour, et d'arrêter
« au besoin les coupables. L'amende à payer s'élèvera
« à : 2.000 francs s'il s'agit d'une destruction de télé-
« graphe ; 5.000 francs en cas de récidive ; 5.000 francs
« s'il s'agit d'une voie ferrée ; 15.000 francs en cas de
« récidive. »

Traiter une commune militairement est une expression qu'on trouve souvent dans la bouche des autorités allemandes. C'est une sorte de synthèse de châtiments, dont la lettre suivante, adressée au Conseil municipal de Saint-Quentin, par un capitaine, donne les éléments simples (1) :

« Amiens, le 1ᵉʳ janvier 1871.

« Messieurs,

« Selon les ordres du chancelier fédéral allemand,
« les mesures d'exécution sont : le logement d'une
« garnison augmentée, l'enlèvement d'otages, et, comme
« mesure extrême, la mise à feu et le bombardement.

Signé : Capitaine Binder. »

---

(1) Lieutenant Brenet, *La France et l'Allemagne devant le droit international*.

CHAPITRE IV

LA GUERRE SUR LA LOIRE ET DANS L'OUEST

Ablis (8 octobre 1870)

Un détachement ennemi avait occupé Ablis, le 7 soir. Le lendemain, des francs-tireurs venant de Denouville surprennent les postes allemands qui se gardent mal, et les refoulent en désordre après leur avoir pris soixante-huit hommes et quatre-vingt-dix-neuf chevaux. « Le « commandant de la 6ᵉ division de cavalerie, dit la Re- « lation allemande, le général major von Schmidt, pré- « venu de cette surprise par quelques hussards qui « s'étaient échappés à cheval, marche aussitôt sur Ablis « avec ses deux brigades, mais les francs-tireurs en « étaient déjà repartis. Comme la participation au com- « bat ne faisait aucun doute, le bourg était frappé d'une « contribution et réduit en cendres. » Le général von Schmidt (et la Relation est muette sur ce point) emmena comme otages quatorze habitants et réclama du préfet d'Eure-et-Loir les hussards prisonniers, menaçant, si on ne les rendait pas, de faire fusiller les otages (1).

Chérisy et Septeuil (10 octobre 1870)

Le 8 octobre, un parti de cavalerie allemande appartenant à la division de Rheinbaben, alors stationnée à

---

(1) D'après le lieutenant-colonel Rousset, *Histoire de la guerre franco-allemande*, t. I, p. 25-26.

Houdan, se présentait à Chérisy pour y opérer des réquisitions, mais reçu à coups de fusil par les gardes nationaux de Dreux, il était contraint à la retraite. Le lendemain, un détachement des trois armes était également repoussé par les mêmes gardes nationaux grossis, cette fois, des mobiles de l'Orne.

Prévoyant que l'ennemi reviendrait en force, les nôtres barricadaient le pont de Chérisy et les passages sur l'Eure, dans le voisinage. Dans la matinée du 10, un parti allemand commandé par le général de Bredow et supérieur en nombre, vint en effet attaquer la localité qui fut prise après une énergique résistance de nos troupes.

Ici encore, les Allemands allaient donner un nouvel exemple de la guerre de terreur qu'ils pratiquaient depuis le commencement de la campagne. Des fantassins bavarois, la torche à la main, mettent le feu à la ferme de la Mésangère et à une soixantaine de maisons de Chérisy. Son œuvre de dévastation accomplie, le général de Bredow, laissant derrière lui le village en flammes, reprend le chemin de Houdan. Dans le même temps des éclaireurs de la brigade allemande Redern font subir le même sort au village de Septeuil. Un hussard ivre du 10° régiment de Magdebourg, tirant à tort et à travers dans les rues, tue un habitant inoffensif. Quelques gardes nationaux exaspérés s'embusquent et font expier le meurtre aux hussards, mais ceux-ci revenant à la charge, incendient une douzaine de maisons et se livrent à un infâme pillage sous les yeux de leurs chefs impassibles (1).

Châteaudun (18 octobre 1870)

A la tombée de la nuit, le 18 octobre 1870, les Allemands ont pénétré dans la ville après un violent combat.

...« A partir de 9ʰ 30 ou 10 heures (écrit le général
« Ambert) on n'entendit que des coups de fusil isolés,
« tirés par les ennemis embusqués dans chaque rue.

« Alors s'élevaient les flammes des maisons incen-
« diées par les bombes et les fusées, et alors aussi

---

(1) D'après ROLIN, *La Guerre dans l'Ouest*, p. 95 et suiv.

« commençait l'œuvre sauvage, barbare de la destruc-
« tion : envahissement des maisons à coups de hache,
« pillages, vols, assassinats et surtout incendies mis à
« la main. Toutes ces atrocités se continuèrent pendant
« la nuit et pendant la journée suivante sous la direc-
« tion d'agents disciplinés, ce qui fait remonter la res-
« ponsabilité jusqu'au Gouvernement prussien ; il paraît
« d'ailleurs certain que le prince Albert et le prince de
« Saxe y présidaient. »

« Longtemps après le combat, dans la nuit et le
« lendemain, de paisibles habitants, des vieillards, des
« malades sont tués chez eux ou sur leur porte, à coups
« de fusil et de revolver ; quelques-uns sont brûlés dans
« leurs lits, sous lesquels le feu est mis. Des blessés
« sont jetés vifs dans les flammes d'où ils sont retirés
« tellement carbonisés qu'il a été impossible de les
« reconnaître.

« Une centaine de personnes, de tout âge, de toutes
« conditions, prises au hasard dans la ville, des infirmes,
« des vieillards, de tout jeunes hommes presque des
« enfants, sont enlevés le lendemain du combat et
« conduits prisonniers en Allemagne.

« Ce nombre de captifs était prescrit et devait former
« un trophée digne d'une telle victoire.

« Ces faits sont de la plus scrupuleuse exactitude,
« ajoute le maire de Châteaudun auquel nous emprun-
« tons ces détails (1). »

« ...Douze maisons au plus ont été incendiées par le
« bombardement ; toutes les autres (223) auraient pu
« être sauvées si les Prussiens, la torche ou le pétrole
« à la main, n'eussent mis le feu de porte en porte, de
« chambre en chambre...

« Douze personnes ont péri asphyxiées et brûlées
« sous les débris de leurs maisons (2). »

Voici quelques exemples d'atrocités commises par les Allemands à la suite de l'occupation de Châteaudun.

M. Martin André est paralytique. Il a soixante-neuf ans. Sa femme supplie les Allemands, qui mettent le feu avec des torches et du pétrole, de lui laisser sauver son mari.

Les Allemands mettent le feu au lit du vieillard qui

---

(1) Rapport du maire de Châteaudun au ministre de l'Intérieur.
(2) D'après le lieutenant-colonel LEDEUIL, *Les Francs-tireurs de Paris*.

se tord dans les flammes et dont il ne reste bientôt que d'affreux débris carbonisés.

M. Michau (Casimir) est un vétéran de nos armées, capitaine en retraite. Il est âgé. Les Allemands frappent à sa porte. Le capitaine se présente indigné sur le seuil. — « J'aurais rougi de faire la guerre comme vous », dit-il aux incendiaires. — Un coup de mousqueton l'abat et le fait tomber dans les bras d'un parent qui le couche dans un fauteuil.

Les Allemands mettent le feu à la maison.

Le lendemain, on recueillit les os calcinés du brave soldat.

M. Lucas s'est retiré dans sa cave avec sa fille, deux domestiques, des voisins de la rue de Chartres et des gardes nationaux réfugiés chez lui après le combat. Des Allemands surviennent. Ils pillent la maison. Ils enduisent les boiseries de pétrole. Ils y mettent le feu. La fumée suffoque tous les réfugiés. Avec du vin on essaie d'éteindre les flammes...

Mlle Lucas expire dans les bras de sa femme de chambre. — « Des morts, des mourants, là, autour du « soupirail », disait la pauvre fille avant de mourir. — Vision lugubre ! Mort affreuse qui crie vengeance !...

Cependant, ceux qui ont pu s'échapper amènent du secours. Un seul être semble vivre encore. La femme de chambre. On la rappelle à la vie. Mais elle est aux bras de sa jeune maîtresse morte. Le froid cadavre de la malheureuse enfant la fait frissonner. Elle jette un regard autour d'elle. Son maître mort ! Le domestique mort ! Les voisins morts (1) !...

Voici encore l'extrait d'une lettre du maire de Tours au maire de Châteaudun concernant l'assassinat d'un des malheureux otages de Châteaudun, M. Renoult, père de famille, jardinier au Frou, près Saint-Jean...

« Le malheureux Renoult, dont les mains étaient
« attachées derrière le dos, a poussé sans en avoir
« conscience lui-même, car il paraissait dans un état de
« prostration très grand, un soldat bavarois à propos
« d'une bouchée de pain qu'un camarade d'infortune
« voulait recevoir en son lieu et place.

« Le soldat crie, vocifère, et assène sur la tête de
« Renoult des coups de crosse.

---

(1) D'après le lieutenant-colonel LEDEUIL, *Les Francs-tireurs de Paris*.

« Un officier se trouve là, saisit un sabre et lui fend
« à demi le crâne.

« On emmène Renoult chez le commandant de place
« qui le condamne à mort.

« Ce pauvre innocent est traîné étroitement garrotté,
« la figure tuméfiée et la tête sanglante, à 300 mètres
« du bourg, où un peloton de soldats prussiens l'a passé
« par les armes après avoir eu la barbarie de lui cou-
« per le nez et les oreilles et de lui crever les yeux.

« Défense rigoureuse avait été faite par les Prussiens
« d'enlever le cadavre...

« ...C'est le 28 octobre que M. Renoult a été fusillé à
« Tours par les Prussiens, et c'est seulement après la
« fin de l'occupation de la commune par l'ennemi,
« occupation qui a duré du 27 septembre 1870 au
« 16 mars 1871 qu'il a été possible d'exhumer son
« corps... On l'a retrouvé couvert de 25 centimètres de
« terre, mais encore reconnaissable... »

Les prisonniers de Châteaudun

Près de la route d'Orléans, il y a un abattoir, et non loin de là, un fossé profond où croupit une eau vaseuse.

C'est dans ce fossé que les Allemands entassent la plupart des prisonniers de Châteaudun qui y passent une partie de la nuit. Le lendemain, on les dirige sur Orléans, Corbeil, etc... Dans la colonne se trouvent des blessés, des vieillards, des infirmes.

L'Allemand, à cheval, n'en va pas moins à marches forcées, et sans même distribuer un morceau de pain aux affamés.

A Orléans, où le convoi passe, des tables sont dressées pour les pauvres Dunois ; les Allemands dévorent tout et jettent les restes à leurs victimes.

Comme les Orléanais sont indignés et veulent apporter de nouveaux vivres à leurs compatriotes, les Allemands les en empêchent, et jurent, sacrent et menacent.

« Nous avions parcouru toute la rue, écrit l'un des
« prisonniers et nous ne voyions que des débris de meu-
« bles et des maisons encore enflammées. A chaque pas,
« nous trouvions des femmes, des enfants qui, cachés

« dans les caves, étaient étouffés par la fumée. C'était à
« droite et à gauche des morts qui étaient calcinés par
« l'incendie.

« Chose qui nous fut horrible, nous avons vu un de
« nos camarades morts qui avait dans la bouche des
« balles de chassepot que les Prussiens lui avaient
« mises.

« Nous sommes allés à notre caserne. — Nous avons
« trouvé là un petit sous-lieutenant dans un grenier. On
« lui avait enlevé ses bottes et son revolver. Ensuite les
« Prussiens lui avaient rempli la gorge de balles...

« Nous l'avons descendu pour le faire enterrer.

« Nous sommes allés chez les sœurs où nous avons
« vu plusieurs de nos camarades.

« Nous avons également porté secours aux habitants,
« car l'hospice où étaient les malades a été détruit tout
« entier, et tant de pauvres malades étaient couchés
« dans la rue!... (1) »

Bréval (31 octobre 1870)

Une douzaine de hussards prussiens du 11e régiment de la brigade Redern, qui occupait Mantes, étaient venus en réquisition à Bréval. Ils s'y laissent surprendre par des mobiles de l'Eure en reconnaissance dans ces parages, et subissent quelques pertes. Mais les Prussiens revenant en force pénètrent dans le village et mettent le feu à plusieurs maisons. Trouvant sans doute que le châtiment infligé à des habitants innocents n'est point suffisant, le lendemain 1er novembre ils chassent les habitants de leurs demeures, les font cerner par un cordon de troupes, et recommencent leur œuvre dévastatrice (2).

---

(1) D'après le lieutenant-colonel LEDEUIL, *Les Francs-tireurs de Paris*.
(2) D'après ROLIN, *La Guerre dans l'Ouest*, p. 148 et 149.

Berchères-sur-Vègre *(17 novembre 1870)*

A la suite d'un combat, livré sur les bords de la Vègre, aux environs de Berchères, une poignée de francs-tireurs, sous les ordres du lieutenant Vivier, se trouve entourée par un fort parti de cavalerie de la division Rheinbaben et par des landwehriens. Les partisans occupent un bouquet de bois près du cimetière de Berchères, à l'endroit où s'élève maintenant un monument élevé à leur mémoire. Assaillis par des forces supérieures, ils s'y font tuer en combattant jusqu'au dernier soupir « *bis zum letzten Athemzuge,* suivant l'expression de l'historique des uhlans hanovriens ». L'acharnement des uhlans fut tel qu'un mobile de l'Ardèche qui se trouvait parmi les francs-tireurs reçut à lui seul dix-sept coups de lance. Les Allemands, ici encore, se déshonorent par de nombreux assassinats. Après le combat, les landwehriens pénètrent dans la ferme de la Ville-l'Évêque où des mobiles avaient combattu dans la matinée. Ils se saisissent du fermier et de trois ouvriers inoffensifs, les traînent dans un champ voisin et les massacrent sans pitié. Avant de rentrer à leur cantonnement, ils égorgent froidement à la ferme de la Mare, neuf habitants sans armes qui n'ont pris aucune part à la lutte. Un auteur allemand, désireux de voiler ces odieux massacres, n'a pas craint de les présenter comme étant le résultat d'une charge à la baïonnette (1).

Valenne et Rahay *(24 novembre 1870)*

Le 24 novembre 1870, 8.000 Bavarois arrivent à Valenne (Sarthe). Épouvantés, beaucoup d'habitants ont pris la fuite. Ceux qui sont restés sont arrêtés, jetés dans un café, et enfermés sous la garde des officiers. Après un long et fructueux pillage, les Bavarois se re-

---

(1) D'après ROLIN, *La Guerre dans l'Ouest,* p. 171 et 172.

tirent, précédés d'un habitant, qu'ils emmènent la corde au cou.

Le même jour, un régiment de cuirassiers prussiens arrive à Rahay ; dans le clocher de l'église, les cavaliers découvrent quelques fusils abandonnés par des gardes nationaux. Aussitôt, les Prussiens se jettent sur les habitants qui sont roués de coups.

M. de Jaubert, maire du village, le curé et quatre notables sont garrottés et emmenés à la suite de la colonne pendant trois jours, au cours desquels ils reçoivent d'amples distributions de coups de crosse et de coups de bâton. Le maire devait mourir des suites de ces odieux traitements (1).

Authon (26 novembre 1870)

Le 26 novembre 1870, plusieurs habitants de Courgenard (Sarthe) sont conduits à Authon comme otages. Un petit cortège arrive en même temps dans le bourg. C'est le baptême d'un nouveau-né. — Il n'y a que le parrain, la marraine, le père de celle-ci et la sage-femme. Les Prussiens trouvent plaisant d'enlever les deux hommes. Ils sont joints aux otages et leur frayeur porte la gaîté dans les rangs des soldats (2).

Bonneval-Poupry (décembre 1870)

Le gefreite (caporal) Justus Pape, qui a fait la campagne 1870-1871, comme engagé volontaire, écrit ses souvenirs et donne des détails très précis sur les vols et rapines des Allemands. A Bretoncelles, il s'approprie un beau gilet de tricot rouge d'un pauvre vieillard tout tremblant, « et je cachai mon butin avec bonheur », écrit-il. A Bonneval, il s'annexe (annektiert) une sur-

---

(1) *Récits militaires* du général AMBERT.
(2) *Récits militaires* du général AMBERT, t. II.

prenante chemise toute propre dont il avait grand besoin. Pour ce qui est des subsistances, la règle est qu'aussitôt arrivés à l'étape et les faisceaux formés, tous les soldats vont à la maraude et cherchent partout à boire et à manger. A Poupry, quand Pape se met en quête, le village fourmille de maraudeurs. Un certain pionnier a un flair remarquable. Il sait découvrir sous la paille l'anneau de fer et la trappe qui donnent accès dans le cellier.

Alors : « O ravissement, une riche récompense cou-
« ronne nos efforts. La case aux bouteilles était à nous!
« Des cachets de toutes les couleurs brillaient à nos
« yeux et dans un coin, on voyait des bouteilles coiffées
« d'argent avec la prestigieuse marque Veuve Clicquot.
« Pape prend tout ce qu'il peut emporter de bouteilles
« et quand il revient une seconde fois, comme tout le
« champagne a disparu, il doit se contenter du bor-
« deaux. A chaque étape Pape et ses camarades s'ap-
« proprient tout ce qu'ils trouvent : fromage, pain,
« miel, épicerie, sans rien payer naturellement. Une
« plaisanterie a beaucoup de succès. « Combien cela a-
« t-il coûté ? » « Fünf zù » répond-on en levant cinq
« doigts et les maraudes prennent le nom de réquisi-
« tions à cinq sous (1). »

Environs de Chartres (décembre 1870)

Eugène Mayer, secrétaire d'état-major, écrivait à sa mère une lettre reproduite par l'*Evening Standard*. Cette lettre prouve que les Allemands n'avaient pas dans leur barbarie l'excuse de la fureur ou de la vengeance.

« Nous sommes tous devenus de véritables voleurs,
« écrit Mayer... Les officiers gardent la préséance qui
« leur est due et volent de magnifiques harnachements
« de chevaux et particulièrement des tableaux de
« grande valeur dans les châteaux. Pas plus tard
« qu'hier, notre adjudant, le prince de Waldeck, m'a
« dit : « Mayer, faites-moi le plaisir de voler tout ce
« que vous pourrez m'apporter, nous prouverons au

---

(1) Justus PAPE, *Auf nach Frankreich, Kriegsfreiwillig bei den 83*, p. 64, 80, 83, cité par le capitaine Lechartier.

« moins à de Moltke qu'il ne nous a pas fait faire cette
« guerre pour rien. »

Un autre Allemand, M. Hans Wachenhausen, adresse de Chartres, le 5 décembre, des confidences à la *Gazette de Cologne,* qui les reproduit cyniquement.

« Nous menons, avoue M. Wachenhausen, une véri-
« table vie de brigands. Les habitants des villages
« crient aux soldats qui les traversent : « Nicht Brod,
« nicht Fleisch ». Et ce n'est que trop vrai que ces
« malheureux sont réduits à un dénûment absolu. De
« nombreuses localités ont été livrées aux flammes. A
« Viaton « chaque coup de feu tiré d'une fenêtre a été
« puni de la destruction d'une maison. A Bonneval, on
« dirait que le village est mort (1). »

Montoire (6 janvier 1871)

Après le combat de Montoire, amis et ennemis transportés dans la localité reçurent tous les soins que réclamait leur état. Un fait triste à citer, c'est que parmi les morts et les blessés, quelques habitants des villages de Troô et de Saint-Quentin, amenés comme otages, avaient été frappés par nos propres balles, les Prussiens les ayant placés aux premiers rangs pendant le combat, contrairement aux droits de la guerre qui accordent aux habitants la neutralité.

Les otages, dont la marche est réglée par le trot des chevaux, ne pouvaient suivre longtemps, et les Prussiens les rouaient de coups. Plusieurs furent laissés pour morts. Un vieillard de Troô, voulant se sauver dans les bois près d'Ambloy fut arrêté et fusillé sur-le-champ (2).

Le Mans (janvier 1871)

A la suite de la bataille du Mans (10, 11 et 12 janvier 1871), les Allemands entrèrent dans la ville et y

---

(1) Edmond Deschaumes, *L'Armée du Nord*, p. 279-280.
(2) *Récits militaires* du général Ambert, t. II.

commirent de nombreux actes de pillage. D'après le témoignage même d'un de leurs officiers d'état-major le major Hans von Kretschman, les soldats allemands enlevaient en pleine rue aux habitants du Mans leurs souliers et leurs pantalons. « Si par hasard survient excep-
« tionnellement un Français à grands pieds, écrivait-il au
« cours de la campagne, il est aussitôt suivi par une
« bande de grenadiers ou de fusiliers qui jettent sur
« ses chaussures des regards d'envie. Le Français s'in-
« quiète et pour éviter une histoire, il prend une rue
« transversale. Nos hommes n'en demandent pas da-
« vantage. On l'asseoit sur une borne et on lui enlève
« purement et simplement ses chaussures. Pour les
« pantalons c'est souvent la même chose. » Et l'officier d'état-major, témoin de ces actes de banditisme, au lieu de tenter de les empêcher, s'en amuse. Ce tableau de genre peint par un officier qui passait pour être sévère en dit long (1).

Le 12 janvier 1871, jour de l'entrée des Prussiens, la ville du Mans est frappée d'une contribution de guerre de 4 millions.

En même temps, les habitants sont individuellement dépouillés sous toutes les formes. L'autorité prussienne leur impose la nourriture des soldats logés chez eux; elle laisse piller plusieurs magasins et enfin elle multiplie les réquisitions officielles, soit qu'elle les fasse directement, soit qu'elle se serve de l'intermédiaire de la municipalité obligée de donner sa signature...

De grandes quantités de denrées alimentaires, des fourrages, des objets d'habillement sont particulièrement saisis dans ces circonstances (2).

« La ville du Mans, dit le général Ambert, dut con-
« tracter un emprunt à Bruxelles pour payer les Prus-
« siens, les ressources étant épuisées. »

La table du prince Frédéric-Charles au Mans

Le comte de Kanitz, aide de camp du prince Frédéric-Charles, adresse, le 14 janvier 1871, la note suivante

---

(1) HANS VON KRETSCHMAN, *Lettres écrites au cours de la guerre de 1870-1871*, p. 382, cité par le capitaine Lechartier.
(2) *Les Allemands dans la Sarthe*, Armand SURMONT, avocat au Mans.

qui fait connaître ce qui doit être servi chaque jour par la ville à la table du prince Frédéric-Charles :

40 bouteilles de vin de Bordeaux ;
40 bouteilles de vin de Champagne ;
6 bouteilles de Madère ;
3 bouteilles de liqueurs.

L'aide de camp termine ainsi sa note :

« Je suis chargé, M. le Maire, de vous indiquer que chaque fois que la moindre des choses mentionnées manquera, la ville sera punie d'une amende remarquable... »

Le logement des troupes devenait l'occasion d'actes vraiment tyranniques. Souvent ils entassaient trente ou quarante soldats chez de pauvres gens, et n'en plaçaient que dix ou douze chez les riches.....

Les soldats doivent être nourris par la maison qui les loge... Ils s'y établissent en maîtres..... Souvent, sous le prétexte de rechercher les armes cachées, ou bien sans prétexte, ils se font ouvrir toutes les portes, surtout celles des caves, tous les meubles, à moins qu'ils ne les forcent eux-mêmes ; et alors, le vin, les vêtements, le linge, les bijoux, l'argent, tout ce qui est bon à prendre est enlevé. Pendant ce temps les provisions et le fourrage sont gaspillés.

Les maisons dont les habitants étaient absents n'échappaient que rarement au pillage. La présence des domestiques ne suffisait pas, les Prussiens avaient un faible pour les châteaux bien meublés. En voici la preuve :

Le 25 janvier 1871, à Pirmil (Sarthe), le château de Chenneru est pillé par onze cavaliers sous la conduite d'un officier.

Le 6 février, à Fillé-Guécelard (Sarthe), pillage du château de Gros-Chinay. Un sous-lieutenant vient de Roëzé avec une trentaine d'hommes et deux chariots. Le pillage dure quatre heures et le butin est entassé dans les voitures. Il est vrai que le sous-lieutenant s'est muni d'une justification : le garde, prétend-il, a menacé la veille ses hommes avec une fourche (1).

---

(1) *Récits militaires* du général Ambert, t. II, p. 63.

Environs de Sillé-le-Guillaume (20 janvier 1871)

Le 20 janvier 1871, les généraux Baumback et de Stolberg, qui avaient presque séduit les habitants de Sillé par leur politesse, couchent, ainsi que leur état-major, au château de Viviers en Charnie. Le lendemain il ne restait rien : tout avait été dévalisé pendant la nuit.

La commune de Saint-Célerin-le-Géré est occupée du 25 février au 5 mars par deux cent cinquante fantassins et soixante cavaliers. Le 4 mars, les habitants ayant refusé de satisfaire aux réquisitions, ainsi que la ratification des préliminaires de paix leur en donne le droit, le château de Boirdoublet est pillé dans toutes les règles.

Le butin est chargé sur des voitures ; ce qu'on ne peut emporter est détruit, les glaces sont brisées, les meubles déchirés (1).

Savigné-l'Évêque (29 janvier 1871)

Le 29 janvier 1871, à Savigné-l'Évêque (Sarthe), des soldats allemands en tournée dans les fermes s'arrêtent devant une pauvre maison.

La porte est ouverte. Le père de famille vient d'expirer. Sa femme et trois petits enfants sont agenouillés près du lit où repose le mort, trois ou quatre chandelles brûlent autour du lit, éclairant à peine cette chambre si pauvre. Au dehors la neige enveloppe tout et les trois petits enfants tremblent de froid et de misère près du corps de leur père. Le silence n'est troublé que par les sanglots de la mère et le souffle du vent qui s'engouffre au grenier. La chaumière est loin du village et les voisins se sont éloignés.

Cependant les Prussiens entrent dans cette chambre et voient tout : le mort, la femme courbée sous la

---

(1) *Récits militaires* du général AMBERT, t. II, p. 64.

prière, et les petits enfants appelant le père qui ne peut plus les protéger.

Ces soldats passent sans se découvrir et montent bruyamment au grenier pour s'emparer de quelques bottes de fourrage et des modestes provisions du ménage. L'attitude de ces soldats exprime la plus profonde indifférence. Ils pillent les ressources laissées par le mort; ils volent le dernier morceau de pain des petits enfants, ils emportent les vêtements de deuil de la veuve !

Devant ce lit, devant ce mort, en présence de cette pénible scène, un soldat français se serait arrêté tout ému; devant les larmes de la mère, ce soldat se serait agenouillé; devant la misère des trois enfants, il eût cherché une obole et l'eût déposée sur la table avant de s'éloigner (1)...

---

(1) D'après les *Récits militaires* du général AMBERT, t. II, p. 72-73.

CHAPITRE V

SIÈGE DE PARIS

ET OPÉRATIONS QUI S'Y RATTACHENT

Mantes et Mézières (21 septembre 1870)

Le général de Bredow marchait sur Mantes avec une colonne, et avait pour mission de ravitailler l'armée qui assiégeait Paris. Quelques uhlans sont tués auprès de Mézières (Oise) par des francs-tireurs.

Aussitôt Bredow décide de tirer du village une vengeance exemplaire. Le maire est saisi, roué de coups et piétiné par les chevaux. Les maisons sont enduites de pétrole et la colonne se retire.

Les habitants croyaient s'en être tirés à bon compte, quand une pluie d'obus tombe sur le village, qui devient aussitôt la proie des flammes. On trouve sous les ruines six cadavres étroitement enlacés : le père, la mère et les quatre enfants ont péri asphyxiés sous les décombres.

Mantes est également bombardée, les deux gares mises au pillage. Les employés sont emmenés comme otages, avec menace d'être fusillés si un seul coup de fusil est tiré sur la colonne au cours de l'étape (1).

---

(1) TURQUAN, *Les Héros de la défaite*, p. 188-189.

Exécution de François Debergue à Bougival
(26 septembre 1870)

Le 19 septembre 1870, le 46ᵉ régiment d'infanterie prussienne effectue son entrée, tambours, fifres et musique en tête, dans le village de Bougival. Le colonel qui le commande, un grand brun, qui n'avait pas l'air commode, à ce que nous raconte un témoin oculaire, arrête son cheval sur la place où débouche la rue des Hautes-Eaux. Là, il demande : « Où est le maire ? » Il lui est répondu que celui-ci avec la majeure partie du conseil municipal s'est retiré à Paris.

— Ah ! ricana l'Allemand, vos autorités vous ont abandonnés ? Et bien nous allons vous gouverner. Mais tenez-vous tranquilles, ou sinon...

Un geste significatif complète cette menaçante recommandation.

Le premier soin des arrivants fut d'installer un fil télégraphique entre leurs cantonnements et Versailles. A peine installé, ce fil fut coupé par une main inconnue. On le rétablit. Il fut coupé de nouveau. L'ennemi organisa alors une active surveillance autour de cet appareil de transmission, et un paysan fut surpris rôdant d'une façon suspecte aux environs de ce dernier. Le paysan se nommait François Debergue. Il avait soixante ans et était jardinier chez Paul Avenel. On le conduisit devant une commission militaire.

— C'est vous qui avez coupé le télégraphe ? questionna le major qui présidait.

— Oui, c'est moi.

— Avec quoi ?

— Avec ceci.

Et le jardinier tira son sécateur de sa poche.

— Pourquoi avez-vous fait cela ?

— Parce que vous êtes l'ennemi.

— Promettez-vous de ne plus recommencer ?

Le vieillard secoua la tête :

— Je ne ferai pas cette promesse.

— Pourquoi donc ?

— Parce que je suis Français.

Des voisins, des amis, des notables essayèrent d'arracher le malheureux à la justice terrible qui allait le frapper. Ils offrirent de payer pour lui une rançon de

10.000 francs. Le major se montrait disposé à accepter. Mais le jardinier intervint brusquement :

— Je ne veux pas qu'il soit rien dépensé pour moi, déclara-t-il. Ce serait de l'argent perdu. Je récidiverais le lendemain.

Et il répéta avec la même résolution qu'auparavant :

— Je suis Français et je fais mon devoir.

Le 26 septembre, à 4 heures du soir, un peloton de vingt-quatre fusiliers montait la principale rue de Bougival. François Debergue condamné à mort, était au milieu d'eux. Le vieux paysan, en habits de travail, les mains liées contre le dos, marchait d'un pas ferme, la physionomie impassible. Le funèbre cortège, suivi de quelques habitants, prit la rue de la Celle et en gravit lentement la pente rapide. L'officier qui commandait le peloton paraissait ému. Plusieurs fois on l'entendit murmurer en français avec son accent tudesque : Patriotisme ! patriotisme !

On chemina sur la route de Versailles jusqu'à la ruelle des Bourbiers. Là, on tourna à gauche. L'escorte s'arrêta dans le champ d'un sieur Laîné. Le condamné fut attaché avec une corde au tronc d'un pommier. Ensuite l'officier demanda aux assistants :

— Quelqu'un de vous a-t-il un mouchoir ?

— J'en ai un dans ma poche ; prenez-le, dit le vieillard tranquillement.

On lui bande les yeux.

L'officier reprend :

— Avez-vous quelque chose à réclamer ?

— Qu'on m'enterre à côté de mon frère.

L'Allemand lève son épée, le peloton fait feu, et François Debergue tombe, le corps troué par dix-neuf balles tirées à 4 mètres de distance.

Bougival comptait sa première victime (1) ! On va élever un monument à ce modeste héros. La statue de François Debergue est actuellement exposée au Salon des Artistes français au Grand-Palais.

---

(1) *Récits militaires* du général AMBERT, t. II, p. 325 et suiv.

Rantigny (27 septembre 1870)

Les gardes nationaux de Rantigny et environs ont pris les armes pour arrêter l'ennemi qui marche sur Clermont (Oise), mais, succombant sous le nombre, ils sont contraints de se replier et d'évacuer Rantigny.

Le village est envahi par un bataillon de la Garde royale. Plusieurs maisons sont pillées et livrées aux flammes.

Un habitant est fusillé devant sa maison sous les yeux de sa femme. Chez un autre, des soldats s'amusent à étouffer un enfant de trois ans, sous les yeux de sa mère, garrottée par quatre soldats ; un parent qui cherche à intervenir a le pied brisé d'un coup de crosse. La maison est ensuite brûlée.

Deux vieillards sont tués à coups de baïonnette. Un garde national est découvert par les Prussiens, attaché à un arbre et lardé pendant un quart d'heure de coups de baïonnette.

Plus loin, la colonne trouve une chaumière isolée, habitée par une octogénaire, la maison est immédiatement brûlée. Deux gardes nationaux sont traqués dans un bois, attachés à un arbre et fusillés. L'un est foudroyé sur le coup ; l'autre est laissé râlant, et ne meurt qu'après une longue et douloureuse agonie (1).

Versailles (15 octobre 1870)

Un jeune officier allemand se présente avec un billet de logement chez un vieillard de soixante-dix-neuf ans, ancien conseiller à la cour, et le prévient qu'il entend loger chez lui, ainsi que son ordonnance. Le magistrat fait remarquer que son appartement ne contient que deux chambres à coucher : la sienne et celle de sa domestique ; il offre de loger l'officier à l'hôtel, en prenant la dépense à son compte. Mais l'Allemand ne veut rien entendre, commence à s'installer dans la chambre de son hôte, et, non sans proférer des injures et des

---

(1) TURQUAN, *Les Héros de la défaite*, p. 342 et suiv.

menaces, lui intime l'ordre de lui préparer à dîner. Le vieillard faisant remarquer qu'un certain temps était nécessaire pour cette opération, l'officier s'emporte à tel point que, frappé d'épouvante, le vieux magistrat s'effondre comme une masse, emporté soudainement par un arrêt du cœur (1).

Parmain (21-27 octobre 1870)

A la suite d'excès commis par les Prussiens dans les environs, M. Capron, pharmacien à Parmain, se met à la tête d'un groupe de partisans résolus.

Après un combat de douze heures dans lequel deux cents habitants armés de fusils de chasse résistent à plus de quinze cents soldats aguerris, les Prussiens bivouaquent autour de Parmain n'osant y entrer de nuit; le lendemain, comme ils envoyaient du côté de Nesles une reconnaissance, Capron, avant de se retirer, leur tue encore un officier et un cavalier. Mais cette suprême insulte d'un insaisissable adversaire devait mettre le comble à la rage de l'ennemi et attirer sur le malheureux bourg de terribles représailles. Fidèles cette fois encore à leur tactique de terreur, les Allemands incendièrent Parmain au pétrole; puis ils arrêtèrent une dizaine d'habitants qu'ils conduisirent à Pontoise nu-pieds, et de là, en Allemagne; enfin ils fusillèrent dans un champ de betteraves quatre personnes, deux francs-tireurs prisonniers et deux jeunes gens arrêtés sur la grande route.

Les deux francs-tireurs étaient M. Desmortier, vieillard de soixante et onze ans, ancien magistrat au tribunal de la Seine, et M. Maître propriétaire à Jouy-le-Comte.

Ceux-là au moins avaient été pris les armes à la main : quant aux deux jeunes gens, nul n'a jamais su ce que les Prussiens pouvaient avoir à leur reprocher, et leur exécution sommaire constitue un crime sans excuse et sans nom (2).

---

(1) *Récits militaires* du général AMBERT, t. II, p. 214.
(2) D'après le lieutenant-colonel ROUSSET, *Histoire générale de la guerre franco-allemande de 1870-1871.*

Châtillon-sur-Seine (fin novembre 1870)

... C'était à la fin du mois de novembre 1870. La petite ville de Châtillon-sur-Seine vigoureusement défendue par des francs-tireurs venait d'être prise.

Les soldats allemands se répandirent dans les rues, furieux, tirant des coups de fusil par les fenêtres, enfonçant les portes et pillant les maisons après avoir brisé les meubles. Bientôt l'autorité prussienne donne l'ordre de laisser toutes les portes ouvertes. Il faut s'emparer des otages. C'est ainsi qu'un paisible vicaire, l'abbé Martin se voit arrêté. Comme il demande à remonter dans sa chambre pour prendre son chapeau, un soldat lui met son casque sur la tête et on le conduit dans cet accoutrement qui excite la gaieté de la soldatesque.

Le maire de la ville, M. Achille Maître, le président du tribunal, M. Maupin, vieillard plus que sexagénaire, et quatre autres personnes sont parmi les otages; M. Maupin, roué de coups, a un bras cassé, et comme il ne peut plus marcher, on le jette sur une brouette qu'on renverse à plaisir; chemin faisant, sa femme, qui l'a suivi, reçoit des coups de sabre et de crosse de fusil.

Quant au maire, M. Achille Maître, on le conduit dans un poste hors de la ville, tête nue, par une température froide et humide. Là, constamment debout et sans que ses bourreaux lui permettent le moindre repos, il est souffleté par les soldats, lardé de coups de baïonnette; ensanglanté, on lui arrache les cheveux et la barbe, et de cinq en cinq minutes, on vient lui cracher à la figure. Au milieu de tant d'amertumes, il demande pitié pour ses neuf enfants (1)...

Marcilly-sur-Seine (26 janvier 1871)

Exaspérés d'un combat où les francs-tireurs leur avaient tué ou blessé soixante-quatre hommes, les Al-

---

(1) *Récits militaires* du général Ambert, t. III.

lemands mettent le feu à Conflans où ils brûlent cent trente-deux maisons, et à Marcilly où ils en brûlent deux cent quarante, causant près de 400.000 francs de dommages matériels.

Le curé et plusieurs notables sont enfermés dans l'église, devant eux on prépare une corde, qui servira, menace-t-on, à les pendre. De là on les emmène sur la place publique, en les poussant à coups de crosse. Le curé, jeté à terre, est relevé par les cheveux.

Pendant ce temps, les maisons sont livrées au pillage. Des femmes malades sont jetées en bas de leur lit. Des forcenés arrachent le pansement d'un vieillard, qui avait la jambe cassée et était suspect d'être franc-tireur (1).

Les Prussiens à Saint-Denis (29 janvier 1871)

« .....Ce qui attirait les regards de nos concitoyens, écrit un témoin oculaire, ce n'était pas l'air plus ou moins martial du guerrier allemand; non, les yeux se portaient ailleurs, au bout des baïonnettes :

« .....En soldats prévoyants, les Allemands n'avaient pas voulu se mettre en route sans « munitions », chacun avait fixé en haut de son arme, soit du pain, soit du lard, de la viande, du saucisson, etc..., bref, tout le confort alimentaire qui manquait à la population depuis des mois.....

Le général de Zychlinsky se rendit à la mairie où peu après y arriva le Dr Charles, maire de Saint-Denis.

Le docteur trouva le général dans la salle des mariages..... L'Allemand était au milieu d'une bande d'énormes dogues de l'Oural qui reçurent le nouvel arrivant en montrant des dents longues et blanches...

« Monsieur, lui dit le général à brûle-pourpoint, en « français, il me faut du bois pour six mille hommes. » Le docteur lui fit observer qu'il était impossible de satisfaire à une telle demande... qu'il n'existait que très peu de combustible dans les réserves communales.

« A votre aise, Monsieur ; si, dans deux heures, le « bois n'est pas sur la place, je ferai enlever les portes « et les fenêtres de la mairie et des maisons. » Et le

---

(1) COUTROT, *Souvenirs de la campagne 1870-1871.*

général se mit à caresser ses chiens en restant insensible à toutes les raisons développées par le docteur qui s'échauffait et parlait nerveusement.

« Le général mit fin à l'entretien en priant sèchement le docteur de sortir.

« .....Quelques heures après, le général demanda de nouveau le bois de chauffage nécessaire à la garnison. Sur l'observation d'impossibilité faite par le maire, le général commanda à ses hommes de prendre le mobilier de la mairie, de démonter les portes et les fenêtres et le plancher de l'édifice. Pour éviter ce pillage, le magistrat envoya chercher dans les maigres réserves de la ville le combustible nécessaire (1)... »

« M. Karrer, deuxième adjoint, avait été honoré de la présence de soldats allemands. Mais au mois de février, avec la nouvelle garnison, il eut une aventure plus désagréable. Sa maison était nouvellement construite, l'intérieur en était aussi confortable que coquet. Un officier supérieur s'y installa. Le train de table de cet officier — un comte — indiquait qu'il occupait un rang fort distingué dans l'aristocratie allemande. Il avait une vaisselle d'argent, des domestiques et un maître d'hôtel en habit. Pour pendre la crémaillère de sa nouvelle demeure, le Prussien convia à sa table M. et Mme Karrer. Ils déclinèrent cette invitation sous un prétexte poli. Le lendemain, il quittait avec éclat cette maison, au grand plaisir de ses propriétaires. Hélas! la joie fut de courte durée. Trente-cinq cordonniers de l'armée allemande prirent possession de ces appartements. Les murs et les tentures disparurent bientôt sous des quantités de bottes et d'outils. La poix et les saletés, pendant des mois, recouvrirent les planchers en chêne nouvellement rabotés et cirés. L'intérieur de cet immeuble, au départ de ces hôtes fâcheux dut être refait à neuf. Le comte allemand ravi s'était vengé de son dépit (2)..... »

Le 14 février 1871, M. Vigoureur, imprimeur sur étoffes, écrit au maire (de Saint-Denis) :

« J'avais organisé dans mon usine, à mes frais, avec
« tout le service et le personnel utiles pour les soins à
« donner aux blessés, un cheval et une voiture, une
« ambulance de vingt lits, établie sur les bases de la
« convention de Genève.

---

(1) D'après Monin, *Histoire du siège de Saint-Denis*.
(2) Monin, *Histoire du siège de Saint-Denis*.

« Mon cheval a été réquisitionné par les Prussiens,
« cent trente militaires ont pris possession de ma mai-
« son et de mon ambulance qui n'est plus qu'un monceau
« de grabats où tout est au hasard. Matelas, paille en
« tout sens, sur lesquels sont étendus à toute heure du
« jour des hommes qui devraient être ailleurs.

« Des poêles sur les parquets, chauffés avec mes
« perches d'étendages qu'on a coupées en morceaux.

« Dans ces conditions, mon personnel d'ambulance
« ne peut plus rester... (1). »

Versailles — Sèvres — Saint-Cloud

Au sujet des expéditions d'objets d'art en Allemagne, un Allemand, Gustave Freytag, écrit ce qui suit :

« Aussi quelques-uns songèrent-ils au sauvetage des
« biens meubles : on dit même que le procédé ne fut
« pas mal vu des personnalités occupant de hautes fonc-
« tions dans l'armée. Des soldats négocièrent avec des
« juifs et des courtiers qui rôdaient en grand nombre
« autour de Versailles, pour faire des achats à bon
« marché. Il y eut même pas mal d'officiers qui pen-
« sèrent à orner leur propre maison sans oublier les
« êtres chers laissés là-bas.... L'humeur joyeuse et
« sans penser à mal, on en vint à expédier dans la
« chère patrie des objets abandonnés par leur proprié-
« taire... (2). »

Écoutons encore ce que nous dit le général et amiral allemand Albert von Stosch « On a expédié de Sèvres
« et de Saint-Cloud des caisses adressées chez nous.

« C'est le vol organisé. Je me suis frappé la poitrine
« en signe de repentir et je lui ai répondu que moi
« aussi, j'ai expédié chez moi des prises faites sur l'en-
« nemi... Le sentiment de la propriété disparaît forcé-
« ment au cours de cette guerre... Moi-même je ne puis
« contester que j'en use avec le bien des Français sans
« plus de scrupules que s'il nous appartenait. Celui qui

---

(1) Monin, *Histoire du siège de Saint-Denis.*
(2) Gustave Freytag, *Vermischte Aufsätze, 1848-1894*, p. 478. Cité par le capitaine Lechartier.

« s'enrichit par de tels procédés commet une illégalité...
« mais c'est un devoir d'appauvrir ces gens-là (1). »

A Versailles, un grand nombre de maisons riches renfermaient des armes de luxe et de grand prix. Les propriétaires de ces belles collections les enfermaient avec le plus grand soin. L'ordre fut donné un jour de transporter ces armes chez le commandant de place prussien qui délivrerait un reçu, conserverait soigneusement ces armes, et les remettrait aux propriétaires au moment du départ de l'armée allemande.

Ces armes de luxe, au nombre de douze cents environ, furent déposées dans la caserne des écuries, et là, les officiers prussiens vinrent choisir, dans cette superbe collection, ce qui était à leur convenance.

M. de Treskow, aide de camp du commandant de place, avait reçu les armes de luxe, affirmant qu'elles seraient restituées. Il n'en a rien été. Ces richesses sont en Prusse, aux mains de la noblesse ou dans les palais des princes (2).

---

(1) Von STOSCH, *Generals und Admirals Denkwürdigkeiten. Briefe und Tagebuch. Blätter.* Stuttgard u. Leipzig 1904, p. 243. Cité par le capitaine Lechartier.

(2) *Récits militaires* du général AMBERT.

CHAPITRE VI

TRAITEMENT DES PRISONNIERS FRANÇAIS

EN ALLEMAGNE

« *Au camp de la Misère !* » *(presqu'île d'Iges près Sedan)*

Le 3 septembre 1870, dans la soirée, le lieutenant-colonel de Heuduck, nommé commandant de la place de Sedan, fit conduire les Français désarmés dans la presqu'île d'Iges.

Parqués dans la boue, sans un abri, sous une pluie incessante, privés de vivres, privés de pain, exposés à toutes les insultes, à toutes les humiliations, menacés, frappés par des gardiens grossiers et lâches, nos malheureux soldats supportèrent un véritable supplice. Entre tous, les Bavarois se distinguèrent par leur cruauté. Un homme, soldat ou officier, s'écartait-il de la foule, les coups de crosse le rejetaient dans les rangs. Quelques prisonniers tentèrent de fuir et tombèrent sous la balle des sentinelles. A toutes les issues, des canons et des mitrailleuses étaient prêts à massacrer nos pauvres soldats.

Pendant plus de quinze jours, ils furent parqués sur le sol marécageux.

Un Belge, M. Camille Lemonnier, qui prodiguait ses soins aux prisonniers, a tracé ce tableau :

« Je raconte ce que j'ai vu, sans haine et sans par-
« tialité, n'ayant pas eu à me plaindre plus des Prus-
« siens que des Français... Je remarquai qu'il y avait
« à la tête du pont, de chaque côté, deux canons bra-
« qués sur le camp, et debout près des canons dix
« artilleurs et un officier. A droite et à gauche du
« camp d'autres canons ouvraient leurs gueules lui-

« santes de distance en distance, gardés par des canon-
« niers dont la silhouette immobile se détachait à plat
« comme des enluminures collées sur fond brun.

« Un peu en arrière des canons, des postes bavarois,
« hessois et saxons, groupés l'arme au pied, formaient
« une sorte de cordon non interrompu. Des sentinelles
« se croisaient d'un poste à l'autre et l'on voyait aller
« et venir la lueur claire de leurs sabres. Un cordon de
« cavalerie doublait le cordon de l'infanterie et des
« rondes de cuirassiers faisaient incessamment le tour
« du camp.

« Les Français étaient parqués sur la terre nue, sans
« tente et sans abri, comme des bêtes. Depuis trois
« jours qu'il pleuvait, on les avait laissés dans le même
« endroit et ils couchaient sur un sol trempé par les
« eaux. Il arrivait que ceux qui passaient la nuit à
« terre ne savaient plus se relever au matin et on était
« obligé de les mener aux ambulances. On en trouvait
« aussi qui étaient froids et ne bougeaient plus :
« c'étaient les morts. Tous les jours il fallait en em-
« porter des tombereaux : on les empilait l'un sur
« l'autre après avoir constaté leur état civil et on les
« enterrait dans les champs.

« Des amis avaient inventé de se mettre dos à dos et
« demeuraient debout, sommeillant sans dormir. La
« plupart étaient tellement harassés qu'ils vacillaient
« comme des gens ivres et il en tombait, çà et là,
« sur les genoux et sur le flanc. Quelques-uns avaient
« gardé leur sac et ils s'asseyaient dessus, accroupis et
« soufflant sur leurs doigts pour se réchauffer. Des
« malheureux n'avaient plus d'habits et rôdaient en
« claquant des dents, ployés en deux et les bras croisés
« sur la poitrine. Il y en avait, du reste, qui préféraient
« ôter leurs habits et se mettre en bras de chemise à
« cause de la raideur du drap. Comme je passais, un
« soldat faisait des efforts pour ôter ses bras de sa
« capote et n'y parvenait pas, tant la capote était roidie.
« Je pris les manches et je tirai. L'homme n'avait plus
« qu'un lambeau de chemise sur l'estomac et les bras
« étaient nus. Il me fit tâter sa capote, on eût dit du
« linge tordu au lavoir. De grosses plaques rouges
« marbraient ses bras et sa poitrine ; il suait dans les
« cheveux et grelottait dans le dos. « Le fils à papa
« n'ira pas loin ! » me dit-il assez mélancoliquement.

« On avait allumé des feux la nuit, mais ces feux
« s'étaient éteints faute de bois et les Français avaient
« vainement crié qu'on les rallumât.

« Ils avaient voulu se réchauffer en courant, on leur

« avait défendu de courir. Alors ceux qui avaient des
« sacs les avaient mis par terre l'un contre l'autre, et
« trois ou quatre hommes, suivant la quantité de sacs,
« s'étaient couchés dessus, puis un même nombre
« d'hommes était monté sur les premiers, et pêle-mêle
« pour avoir un peu chaud et ne pas coucher dans la
« boue, on avait dormi en litée compacte. Des soldats
« criaient : « De la paille ! de la paille ! » et d'autres :
« Du pain ! du pain ! »

« On ne leur donnait ni paille, ni pain. Les vieux
« soldats regardaient d'un air farouche les Prussiens
« et préféraient mourir que de demander quelque
« chose. Ils montraient le poing aux sentinelles et cra-
« chaient de leur côté en trépignant de fureur. Quand
« la faim les tenaillait, ils se mettaient à rire aux éclats
« pour se tromper eux-mêmes ou mâchaient dans leurs
« dents le bout de leur ceinturon de cuir. Les jeunes
« soldats se lamentaient et parlaient de leurs familles
« comme s'ils ne dussent plus les revoir. Ils tendaient
« la main vers moi et me disaient doucement : « A man-
« ger ! à manger !... »

« Des groupes se formaient par places et causaient
« à voix basse. Les soldats allemands les dispersaient,
« et les groupes se reformaient plus loin...

« Il y avait parfois du tumulte dans quelques
« groupes : alors les artilleurs allemands se rappro-
« chaient des canons en regardant leurs officiers, les
« fusiliers mettaient en joue et les sentinelles se
« repliaient sur les postes. Je fus témoin d'une de
« ces alertes. Les prisonniers criaient : « A mort les
« Prussiens ! du pain ! du pain ! » Les Bavarois entrè-
« rent au pas de charge dans le camp, la baïonnette en
« avant. Des huées retentirent et des pierres furent
« jetées. Un jour, les plus exaltés parmi les Français se
« mirent à courir sur les canons et déchirèrent leurs
« habits pour montrer leur poitrine découverte et expri-
« mer ainsi leur mépris de la mort (1). »

Un sapeur du 3ᵉ génie, Victor Dezavelle, qui fut au
camp de la Misère nous en trace le tableau suivant :

« Nous fûmes parqués le 3, au nombre de 83.000
« prisonniers dans la presqu'île d'Iges, raconte-t-il.
« Quelle misère affreuse nous y attendait ! Pas de nour-
« riture, à part quelques betteraves trouvées dans un
« champ, pas de tentes ni de couvertures, pas même
« un sac ni un ceinturon. Mourants de faim et de froid,

---

(1) D'après les *Récits militaires* du général AMBERT, t. I.

« nous étions parqués comme des bestiaux dans une
« boue pestilentielle. Malheur à qui faisait semblant
« de sortir de cette enceinte de misère et de honte. Des
« milliers de pauvres soldats qui s'étaient, au témoi-
« gnage même du roi Guillaume, vaillamment battus,
« y contractent des germes de maladies mortelles. Ils
« ont succombé en Allemagne parce que, après la jour-
« née de Sedan, ils furent traités sans l'ombre d'une
« générosité. Certes, le troupier français a ses défauts,
« ajoute notre sapeur. Il a maintes fois frappé sans
« merci dans la mêlée, mais il s'est toujours montré
« humain envers les prisonniers. Il partageait avec
« eux, de bon cœur, le contenu de sa gourde et de son
« sac. »

Enfin, après une semaine de séjour dans cette géhenne notre sapeur est embarqué en compagnie d'autres camarades : « En route pour Spandau, écrit-il,
« où les coups de sabre et de trique furent plus abon-
« dants que le *kommiss !* (pain de munition allemand).
« Même après quarante ans je ne puis penser sans
« amertume au gouverneur de cette place et à d'autres
« aussi brutaux que lui (1). »

Départ d'un détachement de prisonniers français pour l'Allemagne

M. Camille Lemonnier assiste au départ d'un détachement de prisonniers qui se rend en Allemagne. L'escorte était formée d'infanterie bavaroise et de cuirassiers prussiens : « Je vis une multitude de sol-
« dats français en guenilles et sans armes. Ce convoi
« de soldats menés comme un troupeau était lamen-
« table : c'étaient 3.000 prisonniers des dernières ba-
« tailles qu'on dirigeait à Remilly et de là, par chemin
« de fer, sur l'Allemagne. Ces 3.000 hommes harassés,
« écharpés, se pressaient pêle-mêle en masses confuses
« et clopinaient cahin-caha, sales, déchirés, la barbe
« longue, criblés d'éraflures de balles, couturés de
« balafres de sabre, sans habits et sans souliers, la
« plupart ayant des lambeaux de sacs sur le dos.

---

(1) *Récits de soldats de l'armée du Rhin*, professeur WEITER. Metz, 1912.

« Les uns se traînaient sur des bâtons, les autres
« s'épaulaient à leurs camarades plus forts. Il y en
« avait qui se donnaient le bras. Des sous-officiers, le
« képi sur le nez, se cachaient dans les groupes...
« Je vis ainsi passer des artilleurs, des soldats de la
« ligne, des sapeurs, des chasseurs, des zouaves, des
« turcos, tous confondus, vieux et jeunes, sans distinc-
« tion d'armes; on les obligeait à prendre le pas accé-
« léré, et ils marchaient sans savoir où on les menait,
« comme ils avaient marché à la bataille. Par moments,
« le cuirassier qui les flanquait de dix pas tournait à
« demi la tête et regardait pelotonner à ses côtés la
« bande farouche.

« Les soldats étaient muets : la gaîté du troupier
« français était morte au champ de bataille. Des mal-
« heureux hâves, pâles, jaunes, ayant des trous dans
« les joues, passaient sur leurs lèvres de feu des langues
« séchées par la fièvre. On en voyait qui portaient leurs
« deux mains sur les genoux et s'arrêtaient pour tous-
« ser. D'autres se détournaient à demi et crachaient
« des caillots de sang. Pas une plainte pourtant : on se
« mourait et on marchait.

« Il en tomba néanmoins quelques-uns qui restèrent
« sur le pavé, les autres faisaient un détour, regar-
« daient par terre celui qui était tombé et passaient.
« Je ne voyais que fronts indignés, mains crispées,
« regards enflammés. La haine, comme une lave, bouil-
« lonnait au fond de ces cœurs de soldats. Dans leur
« œil flamboyant, on lisait un cri : Des armes! des
« armes! La honte rougissait leurs fronts ; ces hommes
« ne regardaient pas devant eux, presque tous étaient
« courbés. Il y en avait qui cachaient leurs larmes. Ils
« n'avaient que des bâtons pour se soutenir, à peine
« pouvaient-ils se tenir debout, et la chair se voyait à
« travers leurs lambeaux... On fit une halte devant un
« hameau. Deux hommes s'approchèrent, il y avait un
« mort à emporter sur une civière, mais sur la civière,
« il y avait déjà deux cadavres, le troisième fut mis
« par-dessus en travers.

« Un vieux monsieur décoré..... moustache grise,
« s'approcha brusquement, se pencha sur la civière,
« poussa des deux mains le mort qui était dessus, re-
« garda les deux autres, et s'éloigna.

« — C'est un général français qui cherche son fils,
« me dit quelqu'un..... (1). »

---

(1) *Récits militaires* du général AMBERT, t. I, p. 366 et suiv.

Évacuation de prisonniers

Un habitant de Nancy écrit dans son *Journal* tenu au cours de la guerre de 1870-1871 : 12 septembre. « On voit descendre par la rue Stanislas des gens dont « le visage bouleversé et humide de larmes dénote « qu'ils éprouvent une profonde affliction. J'interroge « l'un d'eux. — Ah, monsieur, me répond-il, nous venons « de la gare au moment où passait un train de nos pri- « sonniers de Sedan. Ils sont entassés dans des wagons « dont beaucoup sont découverts, à peine vêtus, grelot- « tants de froid, mourants de faim. On leur jette des « pains vers lesquels ils tendent des mains avides. On « leur passe des bouteilles de vin au bout d'une perche. « Ils remercient en pleurant et la foule les salue et les « acclame en pleurant aussi. Quelques-uns reconnais- « sent des parents, des amis, et les larmes redoublent, « c'est un spectacle qui me navre et que je n'oublierai « jamais (1). »

Ce fut un spectacle navrant que l'inhumanité des Allemands pendant les évacuations de prisonniers. Elles eurent lieu en principe par Toul et Nancy. Les malheureux, dont on voyait la peau sous les vêtements usés par la campagne, voyageaient au mois de décembre et de janvier de deux années exceptionnellement froides, dans des wagons quelquefois découverts et ne recevaient qu'une nourriture insuffisante. La consigne était inexorable. Il fallait demeurer dans l'enceinte limitée par les sentinelles ou même ne pas descendre des trucs qu'on abritait à peine, pour la nuit, sous des garages ouverts à tous les vents. On abandonnait les morts en pleine voie, où on les retrouvait le lendemain matin à moitié gelés. Leurs camarades plus robustes, se prenaient à envier leur sort. Les mobiles surtout, moins aguerris, souffraient davantage et poussaient des cris de détresse sous la pluie et sous la neige. Les turcos, plus philosophes, se couchaient en rond comme des chiens et disparaissaient presque sous leurs amples burnous blancs. Les gares importantes avaient été pourvues de vêtements chauds par les soins de comités de secours, mais la distribution de ceux-ci n'eut pas lieu parce que c'étaient des vêtements civils,

---

(1) Louis Lacroix, *Journal d'un habitant de Nancy*, p. 194-195.

que l'autorité militaire considéra comme propres à favoriser les évasions. Souvent, les officiers prussiens se sentaient mollir devant les prières que leur adressaient les dames de charité, alors ils donnaient l'ordre de départ et nos soldats voyaient de loin le café fumant qui leur eût sauvé la vie (1).

Le sergent Gombaud, du 2ᵉ zouaves, prisonnier en Allemagne, fusillé par les Bavarois

Qui de nous ne frémira d'indignation et ne sentira bouillonner en lui une sourde rage, en lisant le récit de la mort d'un excellent serviteur de la France, du sergent Gombaud du 2ᵉ zouaves, fusillé par les Bavarois à Ingolstadt?

Un des témoins de la mort de Gombaud nous en a dit tous les détails, et c'est avec des larmes dans la voix que le compagnon d'exil de ce brave nous la racontait.....

« Fait prisonnier avec les débris de son régiment, « Gombaud fut interné en Bavière à Ingolstadt, non « loin de Munich. Personne n'ignore dans quelles mau- « vaises baraques de bois les Prussiens parquaient ceux « de nos prisonniers qu'ils n'avaient pu loger dans des « casemates.

« Un jour donc, Gombaud, rentré du travail auquel « on assujettissait les prisonniers, était sur le seuil de « sa baraque, l'épaule appuyée contre le montant de la « porte et roulait entre ses doigts une cigarette lors- « qu'un caporal bavarois vint à passer et lui cria de « rentrer.

« Le jeune prisonnier ne sachant pas l'allemand ne « bouge point.

« Alors le Bavarois s'approche et repousse brutale- « ment le sergent dans l'intérieur de la baraque.

« Mais c'est qu'un sergent aux zouaves ne se laisse « pas malmener de la sorte : le rouge lui monte au « front, et à son tour, Gombaud saisit l'Allemand par « les épaules et le renvoie loin de lui en le faisant « tourner sur ses talons.

---

(1) D'après les *Récits militaires* du général AMBERT.

« Le caporal porte plainte : Gombaud est arrêté, tra-
« duit devant un conseil de guerre et condamné à mort.

« Les Allemands donnèrent une grande solennité à
« cette triste exécution : ils y firent assister les 6.000
« prisonniers français qui étaient à Ingolstadt ou qui
« campaient dans les environs : de plus, le Conseil de
« guerre qui avait prononcé la condamnation était là,
« appuyé par 3.000 baïonnettes, comme pour porter un
« défi à nos pauvres prisonniers sans armes.

« Nous étions là environ 6.000, nous a dit son cama-
« rade, formant un immense fer à cheval, lorsque Gom-
« baud est amené ; il a l'air calme, marche d'un pas
« assuré et fait ses adieux à un prêtre qui a eu la per-
« mission de l'assister à ses derniers moments. Ses
« mains sont attachées derrière le dos, autant qu'il nous
« semble, car nous sommes très éloignés de lui : on
« l'amène au milieu du camp.

« Le peloton d'exécution est prêt, et une poignante
« horreur fait bondir nos cœurs dans nos poitrines : le
« plus calme de nous tous est certainement Gombaud.
« Un sergent bavarois s'avance pour lui bander les
« yeux : Gombaud refuse.

« Le sergent rentre à son rang et à peine a-t-il re-
« pris sa place que Gombaud, s'adressant au peloton
« s'écrie : « Vous autres, ne tirez que lorsque je vous
« le commanderai ! »

« Et se tournant en promenant ses regards sur tous
« les rangs des Français, il s'écrie : « Camarades, je
« vais mourir, mais auparavant criez tous avec moi :
« Vive la France ! »

« Un immense cri de : Vive la France ! s'élève aussitôt
« et fait comme un roulement de tonnerre le tour du
« camp.

« Un morne silence lui succède.

« Gombaud est debout, regardant fièrement le pelo-
« ton d'exécution et semblant défier les fusils braqués
« sur lui.

« Feu ! commande-t-il tout à coup.

« Et ces Bavarois, qui ne devaient tirer qu'au com-
« mandement de leur officier, obéissent instinctivement
« à la parole impérative de ce jeune héros de vingt-
« deux ans. Il tombe foudroyé : on fait défiler tous les
« Français devant son cadavre et chacun songera long-
« temps à la terrible vengeance que mérite un tel
« meurtre (1). »

---

(1) TURQUAN, *Les Héros de la défaite*, p. 25.

Transport des prisonniers civils dans les prisons allemandes

« .....A Nogent-l'Artaud (Aisne), on rencontra la voie
« ferrée. Les prisonniers civils furent engloutis à coups
« de poing, à coups de pied, à coups de crosse, au
« nombre de quarante-huit dans un compartiment de
« bestiaux rempli de fumier. Il n'y avait pas de siège, et
« les hommes, pressés les uns contre les autres, ne pou-
« vaient même pas s'asseoir, ni faire le moindre mouve-
« ment. Deux soldats de la landwehr, placés près de la
« porte laissée ouverte, surveillaient les captifs. Bien-
« tôt, ces deux hommes fermèrent le wagon à clef et
« s'éloignèrent. Le manque d'air fit tomber quelques
« hommes qui disparaissaient dans le fumier, et que
« leurs compagnons ne soutenaient pas sans peine.
« Enfin, au désespoir, au moment d'être asphyxiés,
« quelques prisonniers enlevèrent des planches en ap-
« pelant au secours. Le train passa près de Château-
« Thierry et d'Épernay, on s'arrêta à Châlons. Les
« malheureux descendirent et l'on distribua du pain et
« du riz. Ils purent aussi jeter au dehors une partie du
« fumier qui les infestait.....

« En arrivant au lieu de l'exil, ils manquèrent de
« tout : contre le froid ils n'eurent que des tentes, la
« nourriture fit défaut (1).....

Les prisonniers civils à Stettin

« .....Arrivés à Stettin les prisonniers furent conduits
« hors de la ville, dans un camp formé de baraques de
« paille creusées en terre à plus de 1 mètre de profon-
« deur. Des gardiens insolents poussèrent nos malheu-
« reux compatriotes dans une de ces baraques. Tous
« tombèrent, épuisés, sur une couche de paille qui
« n'était plus que du fumier.

« .....La nourriture fut distribuée à 9 heures du

---

(1) D'après le général AMBERT, *Récits militaires*, t. II, p. 316.

« matin : elle consistait en farine délayée avec de l'eau
« un peu salée, puis chauffée jusqu'à l'ébullition ; le
« soir il en fut de même, mais on avait ajouté à la
« farine une ou deux pommes de terre et quelques
« grammes de mauvaise viande. Pendant cinq mois ce
« fut le même ordinaire. Une espèce de café ou plutôt
« d'eau noircie, remplaça plus tard la bouillie du ma-
« tin. Il faut ajouter à ces menus un pain plus que brun
«excessivement mauvais, donné pour quatre jours à
«chaque prisonnier..... Les soldats prisonniers de Metz
«arrivèrent tellement épuisés que 11.000 moururent
«en peu de temps (1).

Les prisonniers français au camp de la ferme Saint-Thiébault, près de Metz

Après la capitulation du 27 octobre, le corps de la Garde impériale avait été parqué par les Prussiens, auprès de la ferme de Saint-Thiébault, dans un camp où se reproduisirent les scènes d'horreur de la presqu'île d'Iges. Nos soldats, sans feu, sans vivres, exposés à une pluie glaciale, endurèrent mille maux, sans que les vainqueurs fissent rien pour soulager leurs souffrances. Un grand nombre succombaient. Écoutons ce que nous raconte Prosper Leroy, grenadier de la Garde impériale qui a écrit ses souvenirs : « Une nuit, j'aperçois un tas
« de cailloux. Je dis à un camarade. Allons là, afin de
« sortir de la boue. Mais le factionnaire prussien me met
« en joue au cri de : 'Raus. Las de cette triste vie, je me
« plante devant lui : « Tire si tu veux. » Nous arrivons
« dans un autre camp où avait été parqué un de nos mal-
« heureux régiments. « Tiens, ils s'en vont avant nous. Ils
« laissent beaucoup de bois. Allons le chercher. » Hélas,
« c'étaient des hommes morts. »

Le maréchal des logis Cosnefroy, de l'artillerie de la Garde, nous fournit de son séjour « au camp de la boue » un récit tout aussi lugubre : « Le jour apparaît enfin,
« écrit-il, c'est aujourd'hui la Toussaint. Quelle nuit à
« jamais mémorable. Treize hommes de ma batterie
« sont morts. Ils sont là devant nous roulés, sur la terre
« glaciale où ils sont tombés, ces vainqueurs de Gra-

---

(1) *Récits militaires* du général AMBERT, t. II, p. 322.

« velotte. Eux qui mille fois ont échappé à la mitraille
« sur tant de champs de bataille en combattant pour
« la gloire et la grandeur de la France, viennent mou-
« rir de faim dans le camp de la boue, dans le camp
« de la honte, entourés d'ennemis insensibles à leurs
« souffrances. Quel triste spectacle! Comment donc
« avons-nous pu être livrés à leurs mains?

« Devant les cadavres de nos frères d'armes que
« je viens de faire ranger, nous nous découvrons tous;
« le désespoir envahit nos cœurs et nous ne pouvons
« retenir nos larmes, tant notre émotion est grande.
« A 10 heures, les voitures d'ambulance arrivent. Il me
« faut procéder à la pénible besogne de reconnaître les
« morts. Je donne les noms à celui qui me paraît être le
« chef des Prussiens, lesquels sans cœur, chargent les
« corps de nos compagnons dans leurs voitures, pêle-
« mêle, sans autres formalités. Au moment du départ
« des voitures, nous nous découvrons encore une fois
« pour saluer les restes de ces vieux troupiers, au milieu
« desquels nous avons longtemps vécu, et je leur adresse
« un suprême adieu au nom de tous mes camarades.
« Nous n'avons jamais su où ils ont été enterrés (1). »

La Garde quitte enfin, le 2 novembre, ce camp de la désolation, pour aller s'embarquer au train qui les emmènera en Silésie. On traverse Magny, une vieille femme offre du pain aux soldats. Mais un chef prussien arrive sur elle, sabre au poing, et l'empêche de secourir les affamés... Un compagnon d'infortune tombe à bout de forces, des factionnaires inhumains le saisissent par le ceinturon et le traînent sur la route.

Les prisonniers français à Neiss

Empilés dans des wagons découverts, debout pendant quatre jours et quatre nuits, ne recevant pour nourriture qu'un peu de riz, les prisonniers débarquent à Neiss en Silésie. De nouvelles épreuves les y attendent. Les baraques assignées comme logement aux soldats français sont bien pourvues de poêles, mais on ne distribue pas de combustible, encore que le froid soit

---

(1) *Récits de soldats de l'armée du Rhin,* professeur Wetter, Metz, 1912. — *Carnet de campagne du maréchal des logis Cosnefroy.*

très vif. L'habillement est très délabré, les Allemands remplacent les effets les plus usés, mais, comme par dérision, un soldat reçoit une paire de souliers dont l'un a 10 centimètres en plus que l'autre. Le maréchal des logis qui nous trace ce lugubre tableau reçoit un paletot « dans lequel étaient morts dix soldats prussiens pour le moins. »

Les prisonniers ne font qu'un repas par jour, composé d'une bouillie de farine. Un appel quotidien a lieu le matin à 7 heures. Il faut se compter en allemand, ein, zwei, drei, vier, on reste une heure dans la neige.

Aussi que de décès parmi les nôtres, quatre, huit, dix et jusqu'à dix-huit par jour (1).

Chant des prisonniers français de Magdebourg

A Magdebourg comme à Stettin, comme à Neiss, nos pauvres soldats étaient réduits à la portion congrue, comme en témoigne ce chant que nous a transmis un prisonnier de Magdebourg, le sapeur Alexandre Julien.

Ier COUPLET

Pauvres victimes du fléau de la guerre
A Magdebourg nous sommes prisonniers ;
La liberté, pour nous, c'est la misère,
Entre ces murs nous sommes enfermés.
Quand le matin, le tambour nous réveille,
De sur deux rangs on nous fait défiler.
Puis au travail entre deux sentinelles
Aux forteresses l'on nous fait travailler.

Refrain.

O France, vengeance !
Loin de toi nous soupirons tout bas,
Et nous attendons tous (*bis*)
De toi la délivrance.

---

(1) D'après les *Notes de Prosper Leroy, du 2ᵉ grenadiers de la Garde*, publiées par le professeur WEITER. Metz, 1912.

2ᵉ COUPLET

Et le matin, l'on donne pour nourriture
De la farine délayée dans de l'eau,
Puis le pain noir sur la table figure
Et à midi, on donne du riz à l'eau.
Le caporal d'escouade nous donne
Un hareng saur que l'on mange sans être cuit.
Dans ce pays, tout cela nous étonne,
Le neuvième jour on n'a pas un biscuit.

3ᵉ COUPLET

Et loin de toi, France, noble patrie,
Nous soupirons de ne pouvoir pour toi
Verser notre sang, pour la France chérie
Nous fûmes vendus par Bazaine à un roi.
Lorsqu'un matin, pour nous plein d'espérance,
Vint relever nos cœurs abattus :
La République est proclamée en France,
C'est pour chasser du pays les ennemis.

4ᵉ COUPLET

En attendant l'heure de la délivrance,
Nous prions Dieu pour ceux qui sont là-bas,
Versant leur sang sur le sol de la France,
Affrontant la mort au milieu des combats.
Mais Dieu protège les enfants de France,
De l'ennemi les va faire triompher
Et leur donnera à tous pour récompense
La France libre et notre liberté (1).

Nos malheureux soldats berçaient leurs souffrances de ces chants naïfs. Un grand nombre, déprimés physiquement et moralement par les privations de la campagne, s'étiolaient dans les geôles allemandes, et finissaient par mourir de nostalgie et de misère dans ces tristes pays du Nord. Les plus vaillants, les plus énergiques, se consumaient de rage devant la joie bruyante et l'inhumanité de leurs geôliers. Quelques-uns, préférant risquer la mort, plutôt que de vivre sous la férule des caporaux prussiens, tentaient de s'évader et y parvenaient parfois, à force de ruse et de vaillance.

---

(1) *Récits des soldats de l'armée du Rhin.* Professeur WEITER. Metz, p. 109 et 110.

La Prusse n'a pas fait la guerre à l'Empire, mais à la France

Pour clore cette brochure, on ne saurait mieux faire que de citer la circulaire suivante que le délégué de notre ministre des Affaires étrangères adressait aux agents de la France à l'étranger, en novembre 1870. — Ce document synthétise, dans son émouvant appel au droit, à la justice, à la civilisation, toutes les horreurs de la guerre d'extermination que la Prusse a poursuivie contre la nation française armée, à la voix d'un grand citoyen, pour la défense de son honneur et de sa liberté.

Elle résume fidèlement, dans un noble langage, les cruautés, les méfaits commis au cours de la guerre et que nous avons relatés dans cet opuscule.

Après avoir fusillé, extorqué, pillé, brûlé, sur notre territoire, il restait encore à l'Allemagne, pour bien affirmer son défi au monde civilisé, de maltraiter chez elle les soldats vaincus, les loyaux adversaires trahis par la fortune qui avaient déposé les armes. Nous avons vu comment furent traités les prisonniers dans les geôles du vainqueur. *Remember!*

Le Délégué du ministre des Affaires étrangères aux Agents de la France à l'étranger.

Tours, 29 novembre 1870.

. . . .

La civilisation n'est-elle pas méconnue complètement, lorsqu'en se couvrant des nécessités de la guerre, on incendie, on ravage, on pille la propriété privée, avec les circonstances les plus cruelles?

Il faut que ces actes soient connus.

Nous savons les conséquences de la victoire et les nécessités qu'entraînent d'aussi vastes opérations stratégiques. Nous n'insisterons point sur ces réquisitions démesurées en nature et en argent, non plus que sur cette espèce de marchandage militaire qui consiste à imposer les contribuables au delà de toutes leurs ressources. Nous laissons à l'Europe de juger à quel point ces excès furent coupables. Mais on ne s'est pas contenté d'écraser ainsi les villes et les villages, on a fait main basse sur la propriété privée des citoyens.

Après avoir vu leur domicile envahi, après avoir subi les plus dures exigences, les familles ont dû livrer leur argenterie et leurs bijoux. Tout ce qui était précieux a été saisi par l'ennemi et entassé dans ses sacs et ses chariots. Des effets d'habillement enlevés dans les maisons ou dérobés chez les marchands, des objets de toutes sortes, des pendules, des montres ont été trouvés sur les prisonniers tombés entre nos mains. On s'est fait livrer et l'on a pris au besoin aux particuliers jusqu'à de l'argent. Tel propriétaire, arrêté dans son château, a été condamné à payer une rançon personnelle de 80.000 francs. Tel autre s'est vu dérober les châles, les fourrures, les dentelles, les robes de soie de sa femme. Partout les caves ont été vidées, les vins empaquetés, chargés sur des voitures et emportés. Ailleurs, et pour punir une ville de l'acte d'un citoyen coupable uniquement de s'être levé contre les envahisseurs, des officiers supérieurs ont ordonné le pillage et l'incendie, abusant pour cette exécution sauvage de l'implacable discipline imposée à leurs troupes. Toute maison où un franc-tireur a été abrité ou nourri est incendiée. Voilà pour la propriété.

La vie humaine n'a pas été respectée davantage. Alors que la nation entière est appelée aux armes, on a fusillé impitoyablement non seulement des paysans soulevés contre l'étranger, mais des soldats pourvus de commissions et revêtus d'uniformes légalisés. On a condamné à mort ceux qui tentaient de franchir les lignes prussiennes, même pour leurs affaires privées. L'intimidation est devenue un moyen de guerre; on a voulu frapper de terreur les populations et paralyser en elles tout élan patriotique. Et c'est ce calcul qui a conduit les états-majors prussiens à un procédé unique dans l'histoire : le bombardement des villes ouvertes.

Le fait de lancer sur une ville des projectiles explosibles et incendiaires n'est considéré comme légitime que dans des circonstances extrêmes et strictement déterminées. Mais, dans ces cas même, il était d'un usage constant d'avertir les habitants, et jamais l'idée n'était entrée jusqu'à présent dans aucun esprit que cet épouvantable moyen de guerre pût être employé d'une façon préventive. Incendier les maisons, massacrer de loin les vieillards et les femmes, attaquer, pour ainsi dire, les défenseurs dans l'existence même de leurs familles, les atteindre dans les sentiments les plus profonds de l'humanité, pour qu'ils viennent ensuite s'abaisser devant le vainqueur et solliciter les humiliations de l'occupation ennemie, c'est un raffinement de violence calculée qui touche à la torture. On a été plus loin cependant, et, se prévalant par un sophisme sans nom de ces cruautés même, on s'en est fait une arme. On a osé prétendre que toute ville qui se défend est une place de guerre, et que, puisqu'on la bombarde, on a ensuite le droit de la traiter en forteresse prise d'assaut. On y met le feu après avoir inondé de pétrole les portes et les boiseries des maisons.

Si on lui épargne le pillage, c'est une faveur qu'elle doit payer en se laissant rançonner à merci ; et même, lorsqu'une ville ouverte ne se défend pas, on a pratiqué le système du bombardement sans explication préalable, et avoué que c'était le moyen de la traiter comme si elle s'était défendue et qu'elle eût été prise d'assaut.

Il ne restait plus, pour compléter ce code barbare, que de rétablir la pratique des otages. La Prusse l'a fait. Elle a appliqué partout un système de responsabilités indirectes qui, parmi tant de faits iniques, restera comme le trait le plus caractérisé de sa conduite à notre égard. Pour garantir la sûreté de ses transports et la tranquillité de ses campements, elle a imaginé de punir toute atteinte portée à ses soldats ou à ses convois par l'emprisonnement, l'exil ou même la mort d'un des notables du pays. L'honorabilité de ces hommes est devenue ainsi un danger pour eux. Ils ont eu à répondre, sur leur fortune et sur leur vie, d'actes qu'ils ne pouvaient ni prévenir ni réprimer et qui, d'ailleurs, n'étaient que l'exercice légitime du droit de défense. Elle a emmené quarante otages parmi les habitants notables de Dijon, Gray et Vesoul, sous prétexte que nous ne mettons pas en liberté quarante capitaines de navires faits prisonniers selon les lois de la guerre.

Mais ces mesures, de quelques brutalités qu'elles fussent accompagnées dans l'application, laissaient au moins intacte la dignité de ceux qui avaient à les subir. Il devait être donné à la Prusse de joindre l'outrage à l'oppression. On a exigé de malheureux paysans, entraînés par force, retenus sous menace de mort, de travailler à fortifier les ouvrages ennemis et à agir contre les défenseurs de leur propre pays. On a vu des magistrats, dont l'âge aurait inspiré le respect aux cœurs les plus endurcis, exposés sur les machines des chemins de fer, à toutes les rigueurs de la mauvaise saison et aux insultes des soldats. Les sanctuaires, les églises ont été profanés et matériellement souillés. Les prêtres ont été frappés, les femmes maltraitées, heureuses encore lorsqu'elles n'ont pas eu à subir de plus cruels traitements.

Il semble qu'à cette limite, il ne reste plus dans ce qu'on appelait jusqu'ici du beau nom de droit des gens aucun article qui n'ait été violé outrageusement par la Prusse. Les actes ont-ils à ce point démenti les paroles ?

Tels sont les faits. La responsabilité en pèse tout entière sur le Gouvernement prussien. Rien ne les a provoqués, et aucun d'eux ne porte la marque de ces violences désordonnées auxquelles cèdent parfois les armées en campagne. Il faut qu'on le sache bien, ils sont le résultat d'un système réfléchi dont les états-majors ont poursuivi l'application avec une rigueur scientifique. Ces arrestations arbitraires ont été décrétées au quartier général, ces cruautés résolues comme un moyen d'intimidation, ces réquisitions étudiées d'avance, ces incendies allumés froidement avec des ingrédients chimiques soigneusement apportés, ces bombardements contre des habitants inoffensifs ordonnés. Tout a donc été voulu et prémédité. C'est le caractère propre aux horreurs qui font de cette guerre la honte de notre siècle.

La Prusse a non seulement méconnu les lois les plus sacrées de l'humanité, elle a manqué à ses engagements solennels. Elle s'honorait de mener un peuple en armes à une guerre nationale. Elle prenait le monde civilisé à témoin de son bon droit. Elle conduit maintenant à une guerre d'extermination ses troupes transformées en hordes de pillards ; elle n'a profité de la civilisation moderne que pour perfectionner l'art de la destruction. Et comme conséquence de cette campagne, elle annonce à l'Europe l'anéantissement de Paris, de ses monuments, de ses trésors, et la vaste curée à laquelle depuis trois mois elle a convié l'Allemagne.

Voilà, monsieur, ce que je désire que vous sachiez. Nous ne parlons ici qu'à la suite d'enquêtes irrécusables ; s'il faut produire des exemples, ils ne nous manqueront pas, et vous en pourrez juger d'après les documents joints à cette circulaire. Vous entretiendrez de ces faits les membres du Gouvernement auprès duquel vous êtes accrédité. Ces appréciations ne sont pas destinées à eux seuls, et vous pourrez les présenter librement à tous. Il est utile qu'au moment où s'accomplissent de pareils actes, chacun puisse prendre la responsabilité de sa conduite, aussi bien les gouvernements qui doivent agir, que les peuples qui doivent signaler ces faits à l'indignation de leurs gouvernements.

Recevez, etc...

Pour le Ministre des Affaires étrangères,
Le Délégué,
CHAUDORDY.

TABLE DES MATIÈRES

	Pages
Avant-propos	v

CHAPITRE I

LA GUERRE DANS L'EST

(Alsace — Lorraine — Vosges — Jura — Champagne)

Wissembourg (Alsace) (4 août 1870)	1
Frœschwiller (Alsace) (6 août 1870)	2
Lunéville (Meurthe-et-Moselle) (14 août 1870)	3
Val de Villé (Alsace) (17 août 1870)	4
Thanvillé (Alsace) (19 août 1870)	5
Siège de Strasbourg (Bas-Rhin) (août à septembre 1870)	6
Nancy (Meurthe-et-Moselle) (19 août 1870)	9
Nancy (Meurthe-et-Moselle) et environs (20 au 22 août 1870)	9
Ligny-en-Barrois (Meuse) (1er et 2 septembre 1870)	10
Void (Meuse) (4 septembre 1870)	11
Tréveray-Ligny (Meuse) (4, 5, 6 septembre 1870)	11
Nancy (Meurthe-et-Moselle) (11 septembre 1870)	12
Vézelise-Flavigny (Meurthe-et-Moselle) (30 septembre 1870)	12
Pillages en Lorraine (août-septembre 1870)	14
Nancy (Meurthe-et-Moselle) (3 octobre 1870)	15
Void (Meuse) (4 octobre 1870)	16
Siège de Metz (Lorraine) (août à octobre 1870)	16
La Bourgonce-Nompatelize (Vosges) (6 octobre 1870)	17
Rambervillers (Vosges) (9 octobre 1870)	18
Épinal (Vosges) (12 octobre 1870)	20
Environs d'Épinal (Vosges) (octobre 1870)	21
Épinal (Vosges) et environs (octobre à décembre 1870)	23
Charmes-sur-Moselle (Vosges) (14 octobre 1870)	25
Nancy (Meurthe-et-Moselle) (16 octobre 1870)	27

Bar-le-Duc (Meuse) (20 octobre 1870). 27
Remiremont (Vosges) (25-26 octobre 1870) 28
Sézanne et Meilleray (Marne) (6 décembre 1870). . . . 29
Flavigny (Côte-d'Or) (24 décembre 1870) 30
Bricon (Haute-Marne) (25 décembre 1870) 31
Fontenoy-sur-Moselle (Meurthe-et-Moselle) (22 janvier 1871). 32
Byans (Doubs) (23 janvier 1871) 34
Salins (Jura) (26 janvier 1871). 34
Sainte-Marie-aux-Mines (Alsace) (22 février 1871) . . . 35
Lunéville (Meurthe-et-Moselle) (22 mars 1871). 35
Verdun-sur-Meuse (Meuse) (1er mai 1871). 37

CHAPITRE II

LA GUERRE DANS LES ARDENNES

(Passavant — Beaumont — Bazeilles)

Passavant (Marne) (25 août 1870) 39
Beaumont (Ardennes) (30 août 1870) 40
Bazeilles (Ardennes) (1er septembre 1870). 41
Occupation allemande dans les Ardennes 42

CHAPITRE III

LA GUERRE DANS LE NORD

(Normandie — Picardie — Soissonnais)

Gisors (Eure) (9 octobre 1870). 43
Saint-Quentin (Aisne) (20 octobre 1870). 43
Soissons (Aisne) (fin octobre 1870) 44
Forêt-la-Folie et Guitry (Eure) (7 novembre 1870) . . . 44
Vernon (Eure) (21 novembre 1870). 45
Amiens (Somme) (18 décembre 1870). 46
Querrieu (Somme) (23 décembre 1870) 47
Péronne (Somme) (27 décembre 1870) 47
Longpré (Ardennes) (commencement de janvier 1871) . 48
Les instituteurs de l'Aisne (janvier 1871) 49
Dieppe (Seine-Inférieure) (janvier 1871). 50
Emploi par les Allemands des chemins de fer et télégraphes (janvier 1871) 51

CHAPITRE IV

LA GUERRE SUR LA LOIRE ET DANS L'OUEST

	Pages
Ablis (Seine-et-Oise) (8 octobre 1870)............	53
Chérisy (Eure-et-Loir) et Septeuil (Seine-et-Oise) (10 octobre 1870)............	53
Châteaudun (Eure-et-Loir) (18 octobre 1870)......	54
Les prisonniers de Châteaudun............	57
Bréval (Seine-et-Oise) (31 octobre 1870)...........	58
Berchères-sur-Vègre (Eure-et-Loir) (17 novembre 1870).	59
Valennes et Rahay (Sarthe) (24 novembre 1870)....	59
Authon (Eure-et-Loir) (26 novembre 1870)......	60
Bonneval-Poupry (Eure-et-Loir) (décembre 1870)...	60
Environs de Chartres (Eure-et-Loir) (décembre 1870)..	61
Montoire (Loir-et-Cher) (6 janvier 1871).........	62
Le Mans (Sarthe) (janvier 1871)............	62
La table du prince Frédéric-Charles au Mans......	63
Environs de Sillé-le-Guillaume (Sarthe) (20 janvier 1871).	65
Savigné-l'Évêque (Sarthe) (29 janvier 1871).......	65

CHAPITRE V

SIÈGE DE PARIS

Mantes et Mézières (Seine-et-Oise) (21 septembre 1870).	67
Exécution de François Debergue à Bougival (Seine-et-Oise) (26 septembre 1870).............	68
Rantigny (Oise) (27 septembre 1870)..........	70
Versailles (Seine-et-Oise) (15 octobre 1870).......	70
Parmain (Seine-et-Oise) (21-27 octobre 1870).....	71
Châtillon-sur-Seine (Côte-d'Or) (fin novembre 1870)..	72
Marcilly-sur-Seine (Marne) (26 janvier 1871).......	72
Les Prussiens à Saint-Denis (Seine) (29 janvier 1871)..	73
Versailles — Sèvres — Saint-Cloud (Seine-et-Oise)...	75

CHAPITRE VI

TRAITEMENT DES PRISONNIERS FRANÇAIS EN ALLEMAGNE

« Au camp de la Misère ! » (presqu'île d'Iges près Sedan).	77
Départ d'un détachement de prisonniers français pour l'Allemagne............	80

TABLE DES MATIÈRES

	Pages
Évacuation de prisonniers.	82
Le sergent Gombaud, du 2ᵉ zouaves, prisonnier en Allemagne, fusillé par les Bavarois	83
Transport des prisonniers civils dans les prisons allemandes	85
Les prisonniers civils à Stettin	85
Les prisonniers français au camp de la ferme Saint-Thiébault, près de Metz.	86
Les prisonniers français à Neiss	87
Chant des prisonniers français de Magdebourg	88
La Prusse n'a pas fait la guerre à l'Empire, mais à la France	90

www.ingramcontent.com/pod-product-compliance
Lightning Source LLC
Chambersburg PA
CBHW070237100426
42743CB00011B/2084